Das Buch

Es gibt sicher nur wenige Essays zur Geschichte, die man mit so viel Vergnügen liest wie die von Frans G. Bengtsson, dessen pittoreske Gestalten und Geschichten man schon in seinem Wikingerroman ›Röde Orm‹ amüsiert bewundert hat. Dabei geht es hier meist um Intrigen und Machtkämpfe, um Meuchelmord und Schlachtengetümmel. Aber auch Mut, Treue und Todesverachtung finden sich, allerdings meist nur bei den »kleinen« Leuten – bei Alexanders mazedonischer Schildwache, bei dem Fußvolk der Wikinger oder bei Napoleons Gardisten in Rußland. Bengtsson stützt sich bei den meisten historischen Miniaturen auf Chroniken von Zeitgenossen. Sein Sprachwitz entzündet sich dabei – besonders bei den ›Langhaarigen Merowingern‹ und beim ›Rückzug der Großen Armee‹ – an dem eklatanten Gegensatz zwischen den Greueln des Berichteten und der fröhlichen Naivität der Chronisten. Fasziniert von Bengtssons ironisch distanzierter Optik, die Menschen und Ereignisse plastisch und farbig werden läßt, begleitet der Leser ihn mit Freude und Gewinn auf diesen seinen historischen Spaziergängen.

Der Autor

Frans G. Bengtsson, geboren 1894 in Tajö/Schweden, wurde zunächst als Lyriker, Essayist und durch seine große Biographie Karls XII. bekannt. Weltberühmt aber wurde er durch den Roman ›Die Abenteuer des Röde Orm‹, der auch unter dem Titel ›Die Wikinger‹ verfilmt wurde. Bengtsson starb 1954 in Stockholm.

Frans G. Bengtsson:
Die langhaarigen Merowinger
Historische Spaziergänge

Aus dem Schwedischen übersetzt von
Elsa Carlberg

Deutscher
Taschenbuch
Verlag

Von Frans G. Bengtsson
ist im Deutschen Taschenbuch Verlag erschienen:
Die Abenteuer des Röde Orm (11631)

Dieses Buch erschien 1942 unter dem Titel ›Waffengänge‹ im
Ernst Heimeran Verlag, München.

Ungekürzte Ausgabe
Juni 1994
Deutscher Taschenbuch Verlag GmbH & Co. KG,
München
© 1933 Frans G. Bengtsson
Titel der schwedischen Originalausgabe:
De långhåriga merovingerna
Norstedts Förlag AB, Stockholm 1933
© der deutschsprachigen Ausgabe:
1994 Deutscher Taschenbuch Verlag GmbH & Co. KG,
München
Umschlaggestaltung: Angelika Fritsch
Gesamtherstellung: C.H. Beck'sche Buchdruckerei,
Nördlingen
Printed in Germany · ISBN 3-423-30412-X

Inhalt

Die Lokrer
7. Jahrhundert v. Chr.

Die epizephyrischen Lokrer, die zu Schiff von Hellas zum Lande der Bruttier und Mesapier kamen, legten ihre Stadt am Fuße des Berges Zephyrion an der Küste des tarentinischen Meeres an und erhielten davon ihren Namen: »Die jenseits des Zephyrion Wohnenden.« Das geschah in alten Zeiten – damals, als es noch keine Olympiaden und keine Urkundenschreiber gab, in Tagen, da alle hellenischen Städte noch jung oder noch nicht gegründet waren; noch bevor Elea den Xenophanes hatte singen hören und Kroton seinen Philosophen und seinen Faustkämpfer hervorgebracht hatte; noch bevor Sybaris mit in Wein gekochten Muscheln und mit purpurnen, am Alltag getragenen Leinenkleidern an die Aufzucht von Sybariten gegangen war – in den grauen Tagen der Vorzeit, da das Zeitalter der Heroen noch klar aus den Sagen und Stammbäumen hervorleuchtete, als die Götter noch ganz nah waren auf ihren Bergen und mitunter von Hirten und Sängern erblickt wurden, und als das blaue Meer an Sunden, an Landzungen, im Schutz steiler Küstenhänge und zwischen den Ausläufern der Buchten und Archipele – dort, wo die Schiffe ihren Weg pflügten – oft rot gefärbt wurde, wenn abenteuernde Hellenen und hohe Beamte aus Tyrus und Sidon aufeinandertrafen. Damals erbauten die Lokrer ihre Stadt, denn einsichtsvolle Leute sind sich später darüber einig gewesen, daß sie eine der ältesten war von allen, die je auf italischer Erde von Hellenen gegründet worden sind.

Der Platz, den sie gewählt hatten, war günstig, und die epizephyrischen Lokrer gediehen. Ihre Stadt nannten sie Lokroi, und sie sahen sie wachsen und groß werden; sie bauten Weizen und Wein, betrieben Handelsgeschäfte und lagen in Fehde mit ihren Nachbarn, wie das bei den

Hellenen Sitte war. Sie besaßen weite Ländereien, Schafherden, Sklaven und Schiffe, und wenn sie ihre vornehmsten Gottheiten, Athene und Persephone, zum Verderben der Nachbarstädte Kroton und Rhegion in ihren Tempeln anriefen, unterließen sie nicht ihre Danksagungen für alles, was die Königinnen des Himmels und der Unterwelt ihnen bereits beschert hatten.

Aber trotz der Göttinnen Huld, trotz gewinnbringendem Handel und glücklich verlaufender Waffengänge mit Kroton bedrückte die epizephyrischen Lokrer ein großes Unglück, und sie wußten kein Mittel, sich davon zu befreien. Dieses Unglück war die Uneinigkeit, in der sie miteinander lebten, und ihre Uneinigkeit war größer als die anderer Städte.

Wie das allen Menschen zu gehen pflegt, gerieten sie oft in Streit, aber im Unterschied zu anderen konnten sie ihre Zwistigkeiten nicht in Ruhe vor Gericht zum Austrag bringen. Denn der verlierende Teil fügte sich nicht leicht dem Urteilsspruch, mochte dieser auch noch so wohl überlegt sein; man hatte die Gewohnheit, das Urteil zu verlachen, die Himmlischen anzurufen und zu den Waffen zu greifen. Die gleiche Unsicherheit bestand in der Verwaltung und Verfassung: Die einen bevorzugten dieses, die anderen jenes System, und keine Autorität war von Dauer und unbestritten. Es gab daher ständig viel Unruhe in Lokroi, viel Lärm und viele Reformen, ohne daß doch irgend etwas damit gebessert worden wäre. Das Schicksal hatte nun einmal gewollt, daß es in der Stadt der epizephyrischen Lokrer weder Recht noch Ordnung gäbe. Nur zu Kriegszeiten genoß man Ruhe, weil dann die streitbaren Männer im Felde waren; aber im Frieden wurden die Verhältnisse schlimmer und schlimmer, und die Ältesten der Stadt saßen in Ratlosigkeit trauernd da.

Und doch liebten die Bürger von Lokroi Gesetz und Recht; ja, ihr Unglück kam daher, daß sie Gesetz und Recht allzu heftig liebten. Denn ein jeder dachte nur an die Gesetze, die er aus der Heimat mitgebracht hatte und wollte nichts vom Recht der anderen wissen. Daheim, in Griechenland, gab es verschiedene lokrische Stämme, und sie alle hatten ihre besonderen Gesetze und Bräuche; so die opuntischen Lokrer im Osten, die Nachbarn der Böotier; sie waren arm, aber streitbar und berühmte Bogenschützen; gen Westen wohnten die ozolischen oder die stinkenden Lokrer, deren Name von Alter geheiligt, aber bei ihnen selbst nicht gebräuchlich war, und bei Knemis die epiknemidischen, die friedlicher gesinnt und geringer an Zahl waren. Von allen diesen Lokrern kamen die epizephyrischen her, und auch Männer aus anderen Ortschaften, aus Korinth und Kerkyra, waren bei der Gründung der Stadt mit dabei gewesen und hatten durch zanksüchtige Nachkommen dafür gesorgt, daß in Lokroi ständig Unruhe herrschte.

Allen diesen gesetzesfrommen Leuten war es völlig unmöglich, in Eintracht miteinander zu leben. Denn wenn ein Mann von opuntischer Herkunft eine Kuh von einem Korinther gestohlen hatte und bei Gericht verklagt wurde, wollte er sich nicht schuldig bekennen, weil der Stamm der Opunter, der arm war, keine Kühe besaß; es war in seinen Gesetzen also nur die Bestrafung von Ziegendiebstahl, nicht von Kuhdiebstahl, vorgesehen. Der korinthische Kläger jedoch konnte sich mit einem solchen Bescheid nicht zufriedengeben, und ernsthafter Zwist war unvermeidlich. Oder ein ozolischer Lokrer verheiratete seine Tochter mit einem Mann, der aus Kerkyra stammte; dann mußte nach einiger Zeit zwischen den verschwägerten Familien Feindschaft ausbrechen, weil ihr Erbrecht nicht übereinstimmte; denn nach dem Recht der ozolischen Lokrer waren die Ansprüche mütterlicherseits ausschlaggebend. Oder ein epiknemidischer Mann in Lokroi war erschlagen worden und der Totschläger war von opuntischer oder ozolischer Herkunft; auch dann waren Schwierigkeiten zu erwarten, denn in der Heimat hatte man die Gewohnheit gehabt, nur eine geringe Summe Geldes für erschlagene Epiknemiden zu fordern, die dort nicht so zahlreich und so angesehen waren wie die ozolischen. Eine solche Vergütung in Lokroi mußte jedoch von den Verwandten des Erschlagenen als ungenügend angesehen werden, denn im neuen Lande wünschten sie volle Gleichheit und Brüderlichkeit zu genießen.

Auch in der Verwaltung der Stadt konnte eine zufriedenstellende Ordnung nicht erreicht werden. Einige sagten, die Stadt müsse von Leuten guter Herkunft, von Männern, die von den Heroen abstammten, regiert werden oder von solchen, deren Vorfahren im Schiffsverzeichnis genannt waren. Andere, die Haus und Familie hatten, aber unbekannter Abstammung waren, meinten: Hausbesitzer und Familienväter hätten zu regieren, denn sie seien die Steuerzahler und seien gewohnt, Verantwortung zu tragen. Aber die Tagediebe auf dem Markt behaupteten, daß Haus und Familie die Ehrlichkeit des Besitzers untergrabe, sein Urteil befangen mache und seinen Verstand trübe; die rechten Leiter der Stadt seien sie selber, die Tagediebe auf dem Markt, denn sie hätten nicht nur ihre Ehrenhaftigkeit und ihre geistige Freiheit gerettet, sondern auch reichlich Zeit gehabt, sich der Allgemeinheit zu widmen, wozu noch eine durch das ständige Beisammensein auf dem Markt wohlgeübte und hochentwickelte Redekunst käme.

Es gab auch solche, die der Meinung waren, die Weisesten und Besten sollten regieren; aber die so dachten, waren gering an Zahl und verursachten weniger Mißhelligkeiten als die anderen. Auch verhielten sie sich ruhiger, denn sie waren die einzigen, die ihren eigenen Fähigkeiten mißtrauten.

So stand es in jener alten Zeit in der Stadt der epizephyrischen Lokrer. Es war ein trauriger Zustand, und wie lange er dauerte, läßt sich mit Sicherheit nicht sagen. Möglicherweise ließ man es lange so hingehen wie etwas Selbstverständliches, wie etwas, das sich gleich einem angeerbten Leiden nicht vermeiden läßt. Aber aus irgendeinem Grunde gelangte man doch endlich zu der Meinung, daß im Ernst versucht werden müsse, diesen Verhältnissen ein Ende zu machen. Vielleicht daß Athene, die Göttin der Weisheit, unvermutet einen Strahl ihres Lichtes hinabdringen ließ in die Stadt und für einen Augenblick das Getümmel und die Verwirrung dort erhellte – jedenfalls wurden dank einem solchen seltsamen Lichtstrahl die einzelnen Teilnehmer in all diesem Wirrwarr plötzlich gewahr, daß ihr Tun und Treiben nur Unangenehmes hervorrief und keinem von ihnen zu wirklicher Freude gereichte.

Oder es mag auch die andere Göttin gewesen sein, die zepterschwingende Persephone, die Königin der Unterwelt, die sich über die Lokrer in ihrem Elend erbarmte: Wer weiß, mit welchen Zeichen, mit welcher Klarheit aus den Finsternissen oder mit welcher stummen Botschaft aus dem großen Schweigen? Denn das ist vor langer Zeit geschehen, und damals hat solche Botschaft sich mitunter vernehmen lassen. Vielleicht gab sie ihnen auf irgendeine milde oder schreckliche Art die Einsicht, daß die jedem einzelnen zugemessene Zeit nur sehr kurz und keineswegs ewig ist und daß diese Zeit möglicherweise zu etwas Besserem angewandt werden könnte als zu so bitterem und endlosem Zank. Daher wäre es, wenn man es bedächte, vielleicht doch lohnend, in Lokroi zu einer Form des Daseins zu gelangen, in der man Zeit haben dürfte zu sehen, zu hören und zu atmen – vielleicht sogar zu denken, ohne dabei immer die Augen voll Staub und die Ohren voll Geschrei zu haben.

Was es auch gewesen sein mag, eine göttliche oder eine andere Macht, die bei ihnen eine Veränderung bewirkte und ihre Seelen dahin brachte, daß sich in ihnen Raum zum Nachdenken fand: Sicher ist nur, daß die Leute in Lokroi eines schönen Tages zur Überzeugung kamen, es müsse mit alledem Schluß gemacht werden. Aber wie sollte man vorgehen, um zu ruhigen Zuständen zu gelangen? Konnte es in Lokroi Hoffnung auf Besserung geben, in dieser Stadt, wo es ja nicht nur, wie in anderen Städten, feindliche Klassen, sondern auch feindliche Stämme gab, so daß die Eintracht des Gemeinwesens in doppeltem Sinne Spaltungen erlitt?

Wäre es nur darauf angekommen, zwischen verfeindeten Gesellschaftsklassen Ruhe herzustellen, so hätte man sich auf das Verfahren beschränken dürfen, das in anderen hellenischen Städten allgemein üblich war: Man hätte die Aristokraten und Bürger sich gegenseitig ermorden oder in Landesflucht jagen lassen können, bis eine der beiden Parteien die Oberhand gewonnen oder bis der Pöbel mit beiden Schluß gemacht, oder auch, bis ein Tyrann die Macht ergriffen und alle dazu gebracht hätte, sich im Schatten des Schwertes still zu verhalten. Ruhe der einen oder anderen Art wäre unter gewöhnlichen Verhältnissen denkbar und zu erreichen gewesen. Aber beim Volk von Lokroi waren die Verhältnisse eben nicht gewöhnlicher Art, und mit so einfachen Mitteln war da nicht geholfen. Irgendein anderes Verfahren mußte daher ausfindig gemacht werden.

Da gewöhnlicher Menschenverstand, wie er in Lokroi aufzutreiben war, hier völlig zu kurz kam, beschloß man, einen Gott um Rat zu fragen, und Boten machten sich zu einem Orakel auf den Weg.

Kein Bericht sagt uns, welches Orakel es gewesen sein mag, zu dem die epizephyrischen Gesandten zogen; man weiß nicht, ob sie sich nach Delphi oder nach Dodona wandten, ob zur schreckensvollen Grotte, wo der trophonische Zeus sich vernehmen ließ, oder zur Sibylle von Cumae, die einst von Äneas aufgesucht ward. Wir können nur sagen, daß sie sich an ein zuverlässiges Orakel wandten und eine gute Antwort bekamen. Denn der Gott des Ortes befahl ihnen, einen gewissen Zaleukos, einen Mann, der Einsicht und Weisheit besaß, aufzusuchen und ihn zu bitten, sich ihrer Schwierigkeiten anzunehmen und alles bei ihnen in Ordnung zu bringen.

Von diesem weisen Zaleukos wissen wir nicht viel. Die

über ihn bewahrten Nachrichten sind so spärlich, daß schon die Gelehrten der Vorzeit an seiner Existenz gezweifelt haben, wie denn überhaupt das Vorkommen großer Weisheit gern bezweifelt wird. Denn für viele Leute ist es natürlich und sogar trostreich, zu glauben, daß es nie große Weisheit in menschlicher Gestalt gegeben habe, sondern stets nur dieselbe einfache Torheit, mit der wir durch unser eigenes Dasein vertraut sind. Noch gelehrtere – und vielleicht auch verständigere – Leute glauben freilich, daß Zaleukos wirklich gelebt hat. Immerhin können auch sie uns nicht viel über sein Leben sagen.

Die beste Legende berichtet, daß er Hirte war und sich mit seinen Schafen auf einem Berge hielt, der mitunter auch von der Göttin Athene aufgesucht wurde. Dieser Berg mag innerhalb der Grenzen von Lokroi gelegen haben, ohne Zweifel in gewissem, ruhigen Abstand von der Stadt, in der die Göttin verehrt wurde. Zufrieden mit der Gesellschaft der Schafe und der Göttin lebte dort Zaleukos ohne viel danach zu fragen, ob er mit seiner Zeit Schritt hielt und ob die Tagesneuigkeiten von Lokroi ihn erreichten. Er war weise, heißt es, und mit dieser Mitteilung müssen wir uns begnügen, ohne ganz erfassen zu können, was das alles in sich schließt; denn wir selber sind nicht weise, und selbst wenn man uns auf einen Berg versetzte, um Schafe zu hüten, ist es nicht sehr wahrscheinlich, daß uns dadurch besondere Weisheit zuteil würde. Eine Pallas Athene gäbe es auf unserem Berge nicht; wenn es sie gäbe, könnten wir ihre Gegenwart nicht spüren, und hielte sie sich fern, so würden wir sie weder vermissen noch ersehnen.

Aber mit Zaleukos stand es, wie gesagt, anders, und hinauf zu ihm und seinen Schafen kletterten bald unter vielen Mühen die epizephyrischen Gesandten und trugen ihm ihr Anliegen vor.

Zaleukos hörte sie an. Wir wissen nicht, ob er sich lauten, freudigen Ausbrüchen hingab bei der Aussicht, von seinem Berg hinabzusteigen und in Lokroi die Macht an sich zu nehmen. Das Gebot, das man ihm überbracht hatte, war göttlich und mußte befolgt werden. Er überließ bis auf weiteres seine Herde einem Gehilfen, aber den Hirtenstab hat er gewiß mit sich genommen, denn als ein von den Göttern ausersehener Menschenhirt stieg er nun, um Ordnung zu stiften, zur unruhigen Herde in Lokroi hinab.

Dort angelangt sah er sich die Leute und ihre Art und Weise an und hörte auf ihr geräuschvolles Treiben. Der Jubel, der sich bei seiner Ankunft erhob, sagte ihm, wie groß ihr Elend war. Und dann – während er der Göttin Athene im Tempel, den sie in der Stadt besaß, jeden Morgen Opfer darbrachte – machte er sich daran, der Stadt und ihren Bewohnern Gesetze zu geben: Weise Gesetze, wie nur er sie aufstellen konnte, weil er an nichts in der Stadt gebunden war, an keinen Menschen, an keine Meinung, keine Leidenschaft, an kein selbstsüchtiges Interesse, das dort blühte. Er kümmerte sich nur um den Befehl, den er von den Göttern erhalten hatte; nur auf Vernunft und Gerechtigkeit war er bedacht.

Seine Gesetze waren kurz und klar, und Zaleukos ließ sie in Musik setzen, um ihr Erlernen zu erleichtern. Die Legende berichtet, daß sie bald vom ganzen Volk in Lokroi gesungen wurden – nicht nur von den Richtern und Advokaten – vielleicht, weil die Musik schön war, vielleicht auch, weil man die Worte gern behalten wollte.

Für alle Fälle ließ er seine Gebote sorgfältig niederschreiben von Leuten, die sich darauf verstanden, auf Stein und Leder vermittels eingegrabener Zeichen Worte wiederzugeben – eine phönizische Kunst, die damals auch die Hellenen zu pflegen begannen. So wurde Lokroi von allen hellenischen Städten die erste, die in den Besitz geschriebener Gesetze kam.

Bis dahin hatte man noch nie von so gerechten und so einsichtsvollen Gesetzen, wie Zaleukos sie stiftete, gehört, und auch nicht von Gesetzen, die strenger gewesen wären.

»Wer einen Menschen tötet«, sagte Zaleukos, »der soll selbst sterben«; und dagegen war nichts zu sagen, denn das war eine alte Regel. »Wer einem anderen ein Auge ausschlägt, dem soll auch ein Auge ausgeschlagen werden«, sagte Zaleukos; und auch das war leicht einzusehen, um so mehr, als dieser Brauch sich bereits bei anderen Völkern fand.

»Aber«, fügte Zaleukos hinzu, »wer einem Einäugigen das Auge ausschlägt, dem sollen beide Augen genommen werden.« Das einzusehen fand man anfangs etwas schwer. Aber bei genauerem Nachdenken begriff man die Weisheit dieses Urteils und pries Zaleukos hoch als den ersten, der so tief in die Dinge hineingeschaut hatte, daß sogar dem Einäugigen volles Recht widerfahren konnte.

Viele seiner Gesetze kennt man heute nicht mehr; sie sind vergessen, ebenso verschwunden wie die Melodien, nach denen sie einst von epizephyrischen Mündern gesungen wurden. Aber man vergaß sie erst, nachdem sie schon lange in Brauch gewesen waren und ihren Zweck erfüllt hatten.

Wir wissen nicht, ob Zaleukos außer den Verwaltungs- und Strafgesetzen auch symbolische Vorschriften für rechte Lebensführung im allgemeinen gegeben hat. Das tat nach seiner Zeit ein anderer Weiser in derselben Gegend: Pythagoras in Kroton, indem er seinen Schülern verbot, untätig auf dem Kornmaß zu sitzen, eine Waagschale umkippen zu lassen, Vögel mit krummen Krallen zu zähmen, den Abdruck des Kessels in der Asche zurückzulassen, das Bild eines Gottes auf dem Fingerring zu tragen, auf der Heerstraße zu lustwandeln und mit dem Schwert im Feuer zu rühren.

Einige Vorschriften des Zaleukos jedoch, die die Frauen betreffen, sind uns erhalten, und sie zeigen, wie sehr er sich um die Besserung ihres Wandels verdient gemacht hat. Denn die Frauen in der reichen Stadt Lokroi glichen nicht denen, die er als Hirte bei einfachen Landleuten gesehen hatte, und die abweichenden Züge fanden nicht seinen Beifall.

Keine Matrone, so verordnete Zaleukos, dürfe sich auf der Straße von mehr als einer Dienerin begleiten lassen, ausgenommen, wenn sie betrunken sei. Keine Frau dürfe sich außerhalb der Stadtmauern aufhalten, wenn sie nicht im Sinn hätte, Ehebruch zu begehen. Und keine, die nicht Hetäre werden wolle, dürfe Goldschmuck oder purpurnes Leinen tragen. So bestimmte Zaleukos, der streng und weise war und dessen Geboten gehorcht werden mußte; aber ob die Zufriedenheit bei den Frauen der Stadt groß war, sagen uns die Legenden nicht.

Zaleukos machte den Parteistreitigkeiten in der Verwaltung ein Ende. Er richtete eine vernünftige Ratsversammlung und einen Magistrat ein und schuf Ordnung und Eintracht in Lokroi, aber wie er dabei zuwege ging, ist uns nicht überliefert, denn das Buch, in dem Aristoteles das alles beschrieben hat, ist verlorengegangen.

Die Einwohner von Lokroi gewöhnten sich bald an den neuen Zustand und fanden, daß das Leben sich nun leichter lebte. Der handgreifliche Segen der Götter schien nun über der Stadt zu liegen; es war, als sei die Sonne heller, das Meer blauer, die Jahreszeiten und das Wetter schöner und das Grün der Wiesen lieblicher als zuvor. Und nicht bloß mit Sonne, Jahreszeiten und Grün, sondern auch mit den Gesichtern der Menschen schien eine große Verwandlung vor sich gegangen zu sein. Dieselben Personen, deren bloßer Anblick früher Kummer, Ärger und bitteres Erstaunen über so viel Mißglücken göttlichen Handwerks hervorgerufen hatte, schienen nun so auszusehen, wie Menschen aussehen sollen, und Begegnungen mit ihnen riefen nun nicht mehr Übelkeit, sondern statt dessen Freude und das Gefühl guter Kameradschaft hervor.

Für alles dieses sagten die Lokrer den Göttern Dank;

sie beglückwünschten sich untereinander, und ihren neugeborenen Knaben gaben sie mit Vorliebe den Namen Zaleukos.

Nachdem Zaleukos, wie die Götter befohlen, alles zu glücklichem Abschluß gebracht hatte, machte er sich bereit, von der Stadt und ihren Bewohnern Abschied zu nehmen und zu seinen eigenen Angelegenheiten zurückzukehren. Das rief in Lokroi große Trauer hervor, denn zu jenen Zeiten war es keineswegs Brauch, daß jemand, der mit staatlicher Macht betraut war, sich freiwillig zurückzog; am wenigsten, wenn ihm sein Werk geglückt war. Es war vielmehr üblich, daß die Machthaber nur höchst unfreiwillig und nach Mißerfolgen zurücktraten – ein Brauch, der sich im Laufe der Zeit mehr und mehr befestigt hatte, so daß er schließlich zu einer Selbstverständlichkeit geworden war. Zwanzig Generationen nach Zaleukos legte der Diktator Sulla in Rom freiwillig die Macht nieder, als er nach bestem Vermögen die Säuberung eines Staates durchgeführt hatte, in dem Prozentenehmer und allerhand Pack allzu zahlreich geworden waren; er beschäftigte sich nachher auf seinem Landgut mit Liebhabertheater und Jagd. Und noch einmal, später, geschah es, daß Kaiser Diokletianus, nachdem er ebenfalls in einem herabgewirtschafteten Staatswesen Ordnung geschaffen hatte, sich in einen stillen Palast mit zugehörigem Gartenstück zurückzog, um dort, bei Salona in Dalmatien, Kohl zu bauen. Aber sonst hat sich in der Regel der Beistand eines mehr oder weniger nachdrücklichen Volkswillens – bisweilen unterstützt von heftig geschwungenen Knütteln – als nötig erwiesen, um bei den Staatsleitern den Gedanken hervorzulocken, daß ein Herabklettern aus ihrer hohen Stellung angebracht sei.

Zaleukos jedoch, der in jeder Hinsicht ein Weiser war und der sich nach der Morgenluft auf seinem Berge sehnte – Zaleukos fand, daß er lange genug geherrscht hatte, und ließ sich von seinem Vorsatz durch nichts abbringen.

Um noch einen letzten Versuch zu machen, kamen die Ältesten der Stadt schluchzend zu ihm. Sie baten ihn, Mitleid zu haben und zu bedenken, daß die Ruhe, die er Lokroi geschenkt hatte, nach seiner Abreise nicht lange währen würde. Eifernde Gemüter würden sich bald wieder bemerkbar machen; allerhand Umstürzler, neuerungssüchtige und mutwillige Leute würden aufs neue die Häupter erheben; seine Gesetze würden anderen Gesetzen Platz machen, sein Verwaltungssystem anderen Verwaltungssystemen, und das alte, traurige Durcheinander würde bald wieder da sein. Aber der weise Zaleukos erwiderte, daß er daran bereits gedacht und daß er noch ein letztes Gesetz zu verkünden hätte. Dieses würde dem Bösen, das sie befürchteten, vorbeugen.

Und das letzte Gesetz, das er gestiftet hat, ist das berühmteste von allen und ist uns bewahrt worden. Es bestimmte, wie in Zukunft bei neuen Gesetzesvorschlägen in Lokroi zu verfahren sei:

Wer in irgendeiner Weise eine Änderung oder einen Zusatz zu den Geboten des Zaleukos wünschte, sollte vor allem Volk auf dem Marktplatz vor den versammelten Rat hintreten und um den Hals eine Schlinge tragen, deren freie Enden von je einem Gerichtsdiener festzuhalten seien. Darauf hätte er seinen Antrag zu stellen, über den sofort abzustimmen sei. Erhielt er Stimmenmehrheit, so war sein Vorschlag Gesetz geworden; stimmte man gegen ihn, so hatten die Diener der Gerechtigkeit bloß die Schlinge anzuziehen, worauf der Körper fortzuschaffen und die Schlinge für den nächsten Antragsteller bereitzuhalten sei.

»Denn, o Volk von Lokroi«, so dachte vielleicht der weise Zaleukos, »meine Gesetze sind gewiß nicht ohne Mängel, aber das hat nicht viel zu sagen. Wichtig dagegen ist, daß sie unverändert bleiben. Glück und Unglück der Menschen kommt nicht von ihnen, sondern von anderer Seite her, und große Verwirrung und viel unnötiges Leiden entsteht durch die gedankenlose Hartnäckigkeit, mit der die Menschen durch ein Verändern dieser Dinge eine wirkliche Besserung herbeizuführen suchen. Denn solche Besserungsmöglichkeiten gibt es nicht, es sei denn in den Seelen der Menschen selbst, und mit ihren Versuchen erreichen sie nicht mehr, als Sisyphos mit seinem Stein, als die Danaiden mit ihrem Sieb und Ixion, der Sohn des Phlegyas, der König der Lapithen, durch sein Umherschwingen im leeren Raum auf dem Rade, an das er gebunden war. Ihr aber, o epizephyrische Männer, sollt nun eine Zeitlang von so nutzloser Plage verschont bleiben dank diesem meinem Gesetz und dessen gedankenweckender Schlinge.«

Und die Lokrer scheinen diese Worte gutgeheißen zu haben, denn viele Jahrhunderte lang haben sie in unveränderter Eintracht und ohne Kopfzerbrechen über Staatsbrauch und Gesetz miteinander gelebt; und gegen Kroton waren sie dabei siegreicher als je zuvor. Und wenn auch hin und wieder jemand eine Änderung wünschte, so ließ der Gedanke an die Schlinge ihn bald einsehen, daß die Sache im Grunde nicht von Bedeutung war; und wenn einer das Gesetz umgehen und sich auf Gewalt stützen wollte, so war es ihm unmöglich, Anhänger zu finden. Denn jedermann war eifrig darauf bedacht, die Prozedur mit der Schlinge mit anzusehen und stellte sich daher angelegentlich jedem Versuch entgegen, ein so spannendes und feierliches Schauspiel zu hintertreiben.

Schließlich wurden die Einwohner von Lokroi sich ihrer glücklichen Lage so sehr bewußt, daß sie einen epizephyrischen Reisenden, der bei seiner Rückkehr in die Vaterstadt nach Neuigkeiten fragte, festnehmen und ihn in Gewahrsam setzen ließen.

Zuerst, solange Alexander lebte, hießen sie Hypaspisten, auf deutsch: Schildträger. Sie bildeten eine erlesene Truppe des schwerbewaffneten Fußvolkes. In Schlachtordnung aufgestellt hatten sie ihren Platz rechts von der Phalanx, dicht angeschlossen an die Reiterei und die kretischen Bogenschützen, auf dem Flügel, den Alexander selbst befehligte.

Nach seinem Tode standen sie im Ruf, die besten, hochmütigsten und am meisten gefürchteten seiner Veteranen zu sein. Sie trugen besonders kostbare Waffen. Man nannte sie nun Agyraspiden oder »die Silberschilde«.

Einmal – in ihren späteren Tagen – taten sie einen Mißgriff. Sie handelten nach bestem Wissen, nach reifer Überlegung, allerdings aus Rücksicht auf ihr eigenes Wohl; um sich ihre Frauen und ihre Habe zu erhalten, aber auch aus Rücksicht auf die Gesamtheit der Mazedonier, die nun endlich damit aufhören sollten, sich in Bruderkriegen zu bekämpfen. Die Silberschilde standen damals vor der Wahl zwischen zwei Geboten ungleicher Art: dem Gebot, daß der Soldat treu sein soll seinem Herrn und dem, daß Friede herrschen soll auf Erden.

Sie glaubten, das Beste zu wählen. Aber Antigonos – der der Große genannt wird oder Monophthalmos oder Kyklops, was »Einäugiger« bedeutet – bestrafte sie, weil sie falsch gewählt hatten; und Enttäuschung, Mühen und Untergang war alles, was den Silberschilden zuteil wurde. Das war, als sie ihren Feldherrn Eumenes, ihn, der bei Alexander Sekretär gewesen war, an Antigonos verrieten. Hieronymos von Kardia hat in einem heute nicht mehr existierenden Werk davon berichtet und nach ihm Plutarch in seinen Biographien, im ›Leben des Eumenes‹.

Alexander waren sie treu, denn sie liebten ihn und begriffen: Er war so viel größer als andere, daß es vergeblich war, ihn verstehen zu wollen. Es war seine Art, umherzuziehen und die Reiche der Welt zu erobern; und hatte man sich einmal daran gewöhnt, so schien nichts Erstaunliches dabei; besonders, wenn man bedachte, daß er göttlicher Herkunft war. Denn es war allgemein bekannt, und die Silberschilde, die ihm stets folgten, sahen es täglich bestätigt, daß Zeus sein Vater war. Hatte doch König Philipp einmal durch die Türspalte beobachtet, wie eine große Schlange mit der Königin Olympias Umgang gehabt; und hatte nicht Zeus ein Auge des seligen Königs mit Blindheit geschlagen, jenes Auge, das durch die Spalte dem heiligen Mysterium zugeschaut? Und selbst, wenn es Leute gab, die dieser Geschichte nicht recht glauben wollten – denn es hieß, daß Olympias heftig gelacht und in Raserei mit den Füßen gestampft hätte, als jemand, um volle Gewißheit zu gewinnen, sich an sie gewandt hatte –, so konnte das doch an der Tatsache seiner göttlichen Geburt nichts ändern. Denn König Philipp war in gerader Linie ein Nachkomme des Herakles, und daß Herakles ein Sohn des Zeus gewesen ist, hat noch nie jemand bestreiten wollen.

Von diesen beiden göttlichen Vorfahren hatte Alexander den Trieb geerbt, der ihn zwang, vorzudringen bis an die äußersten Enden der Welt, weiter sogar, als sein Stammvater auf der Suche nach dem Gürtel der Amazonenkönigin und den menschenfressenden Pferden gelangt war. Und doch schien ihm, er sei noch nicht weit genug gekommen. Wonach er eigentlich suchte auf seinen Zügen, das konnten die Hypaspisten nie ganz ergründen, obschon sie ihm überall hin folgten und oft an den Lagerfeuern ihre Meinungen nachdenklich austauschten. Denn die Gürtel der Königinnen lockten ihn wenig, und um Pferde kümmerte er sich nicht mehr, als der Bedarf seiner Reiterei es verlangte; das Gold aus den Schatzkammern des Perserkönigs schenkte er fort, und von seinen Eroberungen hatten die Männer seines Gefolges, die er zu Satrapen machte, den größten Nutzen. Spatzen und Kräuter, die er den Gelehrten in Athen zuschicken ließ, konnten keine hinreichende Erklärung seiner Heerzüge sein.

Aber vielleicht war es sein übermenschliches Geschick im Krieg, das in ihm ständig die Hoffnung wachhielt: Ganz weit, irgendwo in der Welt, gäbe es einen mächtigen König, dessen Heer wert sei, dem seinen gegenüberzustehen; und der Drang, sich mit ihm zu messen, bewirkte, daß er von steter Unruhe ergriffen war, wie ein Liebender. Denn auf dem Schlachtfelde konnte er mit seinen Mazedoniern ebenso vollendete Harmonien hervorrufen wie ein Musiker auf seiner Kithara, und vielleicht war ihm das die größte aller Glückseligkeiten: Eine Seligkeit, die Zeus nur ihm allein vergönnt hatte.

Da sie zu seinem besten Kriegsvolk gehörten und zu Fuß die größte Ausdauer hatten, mußten die Hypaspisten ihm überallhin folgen. Die Phalanx zog bisweilen mit Krateros auf anderen Wegen, die Reiterei mit Hephaistion oder mit Perdikkas; die Hypaspisten zogen immer mit Alexander. Es war ihr Schicksal, nie zu Ruhe zu kommen; ihr Schicksal, aber auch ihr Stolz. Gute Tage ruhigen Lagerlebens gab es nie für sie. Wohin der Sinn des Königs sich richtete, dorthin ging ihr Marsch; und der Sinn des Königs wußte nicht, was Grenze ist.

Im Kampf gegen Thraker, Triballer und Böotier hatten sie in ihren jungen Tagen, in der Heimat, hierhin oder dorthin eilen müssen, von einem Winkel Mazedoniens und Griechenlands zum anderen, und diesen nützlichen Übungen verdankten sie gut ausgebildete Lungen und starke Beine. Dann hatten sie das Gesicht ostwärts gewandt und Ernst gemacht mit dem Marschieren. Als sie acht Jahre später durch die unendlichen Sumpfgebiete östlich des Indus sich müde vorwärts arbeiteten, hatten sie längst aufgehört, die Meilensteine zu zählen, die sie zurückgelegt hatten. Doch wir, die wir mehr Zeit haben zu dergleichen, haben unsere Gelehrten errechnen lassen, daß sie schon damals achtzehntausend Kilometer hinter sich hatten, abgesehen von kleineren Abstechern nach rechts und links.

Auch in die Wüste, wo ihnen die Augen brannten und die Gesichtshaut zum Senfpflaster zu werden schien, waren sie Alexander gefolgt, zur Oase des Ammon, denn es trieb ihn, im Orakel mit seinem Vater zu reden. – Auf dem Rückweg durch Syrien saßen sie bisweilen an abendlichen Lagerfeuern mit alten Kameraden zusammen, die von ihrem Garnisonsleben erzählten, von guter Verpflegung, leichtem Dienst und friedlichem Dasein in Fechtsälen, Bädern und Frauenhäusern; aber nach einem Abend und einer Nacht waren die Hypaspisten wieder unterwegs. Sie bogen rechts ab, überschritten den Euphrat und sahen bei Gaugamela über ihre gefällten Lanzen hinweg die Sichelwagen der Perser in wilder Fahrt auf sich zukommen.

Da endlich alles ruhig geworden war, verbreitete sich im Heer das Gerücht: Nun würde es gegen Indien gehen. Darüber freuten sich alle, denn Indien war ein Land, wo die Flüsse über Goldsand hinflossen und wo aus den Felswänden Edelsteine hervorbrachen wie Blumen aus der Frühlingserde.

Über Berge, höher als irgendwo sonst in der Welt, stiegen die Hypaspisten hinab in heißes Flachland und sahen sich dort nach dem Goldsand und den Edelsteinen um. Aber sie fanden nur Heere, die mit großem Cymballärm auf sie zukamen; dazu lange Reihen von Kriegselefanten mit Türmen auf dem Rücken; und nackte Männer mit roten Kopftüchern überschütteten sie von diesen Türmen her mit einer Unmenge von Steinen und kurzen, vergifteten Wurfspeeren. Dieses Land enttäuschte die Silberschilde, und sie fanden es viel schwerer, mit den Kriegselefanten fertig zu werden als bei Gaugamela mit den persischen Sichelwagen.

Als sie den König Poros besiegt hatten, begann es zu

regnen. Warm, immer heftiger, unaufhörlich strömte es vom Himmel herab, und das Leder der Kürasse bedeckte sich mit reichlichem Schimmel. Da fing das Heer leise an zu murren, und als man bis zu einem Fluß mit Namen Hyphasis gekommen war, stieß alles Fußvolk den Speerschaft in den Boden und weigerte sich weiterzugehen; denn auch in den Reichen jenseits des Flusses gäbe es, wie man gehört, nur Regen, Fieber und Kriegselefanten, und sogar die Hypaspisten, deren Stolz es war, nie zu klagen und immer zu folgen, wohin der König auch ging, sie sagten am Hyphasis: »Es ist genug!«

Drei Tage lang sahen sie Alexander nicht, denn er hielt sich trauernd eingeschlossen in seinem Zelt; aber sie ließen sich nicht bewegen. Da baute er zwölf große Altäre an der Grenze, zu der sie ihn gezwungen hatten, dann wandte er um. Das erfüllte alle mit Freude.

Später, in Opis, als das Heer meuterte in Schmerz und Raserei darüber, daß der König Perser begünstigte, und als alle laut forderten, nach Mazedonien heimkehren zu dürfen, da blieben nur die Hypaspisten treu. Und als die Unruhe gestillt war, befahl ihnen Alexander, hinfort silberbeschlagene Schilde zu tragen, denn ihre Treue sei größer als die der anderen. Sie wurden nun »Silberschilde« genannt.

Dann kamen sie wieder nach Babylon, wo die Stiergötter waren, und dort, im ehemaligen Palast des Nebukadnezar, zwölf Tage vor Mittsommer, im dreizehnten Jahr seiner Herrschaft, wurde Alexander ihnen genommen. Als er so krank war, daß die Kräfte ihn verließen, sammelten sich die Silberschilde in zorniger Entschlossenheit vor dem Palast und verlangten, ihn zu sehen; denn sie mißtrauten denen, die um ihn waren. Sterbend befahl Alexander, sie vorzulassen.

Sie traten ein durch dämmerige Galerien, wo Ärzte umhereilten und Generale flüsternd standen; und in stummer Reihe schritten sie durch den Raum, in dem Alexander, auf Kissen gestützt und ihnen halb zugewandt, lag.

Sein großer, klarer Blick begegnete dem ihren; reden konnte er nicht mehr.

Als die Nachricht seines Todes sie erreichte, erschlugen sie alle Ärzte, die ihn behandelt, und alle Propheten, die seine Genesung vorausgesagt hatten. Und dann, ergriffen von einer seltsamen, großen Ohnmacht, ließen sie ihre Hände sinken in bitterer Trauer.

Nach dem Tode Alexanders begriffen die Silberschilde nichts von dem, was sich zutrug in der Welt, in der sie zurückgelassen worden waren. Als der Streit der Feldherren um das Reich begann, versuchten sie, sich an die Besten und Verständigsten zu halten, aber auch bei ihnen fanden sie Armseligkeit und nur geringen Verstand, denn die Silberschilde waren unter Waffen ergraut und allzulange hatten sie Alexander zum Führer gehabt. Ihre neuen Herren gaben ihnen häufig große Geschenke, aber die Silberschilde dienten ihnen mit Trauer und Verachtung, und gereizt schlugen sie sie mitunter tot. Am liebsten hätten sie den beiden Königen aus Alexanders Blut gedient; aber sein Sohn war ein neugeborenes Kind und sein Halbbruder von klein auf mit Schwachsinn geschlagen. Die Silberschilde meinten, nichts als Unheil ohne Ende sei zu erwarten, wenn nicht das Heer selbst zum Beschluß käme, daß Friede herrschen solle überall, bis der Sohn Alexanders erwachsen sei.

Perdikkas saß in Babylon. Er hatte die größte Macht in Händen und setzte sich für die Könige und für den Frieden ein. Dennoch mußte er bald Krieg führen gegen Antipater, der in Mazedonien herrschte, und gegen Ptolemaios, der das Nilland regierte. Ptolemaios hatte den Leichnam Alexanders gestohlen und in Alexandria begraben lassen, und nun sah es aus, als hätte er vor, auch Ägypten zu stehlen.

Perdikkas schickte nun den Eumenes von Kardia nach Kleinasien, ihn, der Sekretär bei Alexander gewesen war und der zum königlichen Hause hielt. Er gab ihm Geld, Elefanten und kappadozische Reiter und bat ihn, gegen Krateros und die übrigen sein Bestes zu tun. Gegen Krateros wollten die Silberschilde nur ungern kämpfen, denn er galt als der beste Feldherr Alexanders und war von allen der beliebteste. Mit ihnen und den anderen Mazedoniern ging Perdikkas nach Ägypten.

Dort angelangt erstaunten die Silberschilde darüber, daß Perdikkas nicht vermochte, den Nil zu überschreiten, dessen anderes Ufer Ptolemaios besetzt hielt. Sie dachten daran, wie sie mit Alexander über den Hydaspes gegangen waren, als König Poros mit einem zahllosen Heer ihnen gegenüber gestanden war. Da begannen sie zu murren über Perdikkas; und als er das Heer südwärts geführt hatte und ihm auch dort der Übergang mißglückt war, schämten sie sich seines Unverstandes und erschlugen ihn in seinem Zelt. Darauf verbündeten sich die feindlichen Heere, denn sie hielten Krieg zwischen Mazedoniern nicht für recht.

Zwei Tage später kam aus Kleinasien die Botschaft, daß Eumenes, jener kardische Schreiber, mit seinen kappadozischen Reitern und anderen umherziehenden ausländischen Truppen Krateros besiegt und ihn selbst nebst einem anderen General Alexanders (aus dem königlichen Hause der Epiroter) getötet hatte. Man wunderte sich allgemein im Heer, daß diesem Eumenes, den man bisher bloß für einen Federfuchser gehalten hatte, eine solche Heldentat geglückt war; aber alle betrauerten Krateros und fanden es unrecht, daß durch einen Griechen die besten Männer Mazedoniens getötet waren. Daher wurde Eumenes von ihnen für friedlos erklärt.

Zusammen mit dem Heer zogen die Silberschilde nun aus Ägypten nach Triparadeisos (den drei Paradiesen) in Syrien und stießen dort zu Antipater und Antigonos dem Einäugigen und deren Truppen. Hier war zum letztenmal die ganze mazedonische Kriegsmacht versammelt und Antipater wurde als Reichsvorstand und Beschützer der

Königsrechte eingesetzt. Aber nachdem die Silberschilde ihm einige Tage lang zugeschaut hatten, wurden sie seines Anblicks müde. Im Lande der drei Paradiese überfielen sie ihn mit Steinwürfen und zwangen ihn, sich in seinen eigenen Quartieren versteckt zu halten. Sie waren des Umherziehens in Asien überdrüssig geworden, da sie dreizehn Jahre ohne Unterbrechung damit hingebracht hatten, und sehnten sich nach den von Alexander in Aussicht gestellten Belohnungen. Mit großer Mühe nur wurden sie von den Generalen beschwichtigt; man gab ihnen eine Beschäftigung, die ihres Ranges und Rufes würdig war: Unter ihrem neuen Führer, Antigonos, zogen sie nach Susa, wo der königliche Schatz lag.

Es war eine lange Fahrt, jenseits von Mesopotamien; und auf Wegen, die ihnen von früher her bekannt waren, führten sie Alexanders persisches Gold westwärts, nach Kyinda in Cilicien, wo es dem Reichsvorstand und anderen, die vielleicht von den Reichtümern für sich zu nehmen wünschten, näher zur Hand war.

Der Weg dorthin und zurück war lang und der Transport des Schatzes kostete die Silberschilde Zeit. Nicht mehr wie in Alexanders Tagen zur Eile angetrieben, sondern mit Frauen, Dienerschaft und großem Troß im Gefolge zogen sie majestätisch durch die Lande.

Kurz nach der Ankunft in Kyinda kamen für sie große Überraschungen. Sie hörten mit Gleichmut, daß Antipater gestorben und daß nun Polysperchon, ein erprobter und ihnen wohlbekannter Veteran, an seiner Stelle Reichsvorstand war; aber ihr Staunen war groß, als Polysperchon ihnen von Mazedonien her befahl, den Schatz an Eumenes auszuliefern und unter den Befehl jenes Schreibers aus Kardia zu treten, zu dessen Friedloserklärung sie in Ägypten selber beigetragen hatten!

Antigonos der Einäugige war nun allen Ernstes mit dem Entschluß hervorgetreten, Alexanders asiatisches Reich sich anzueignen. Er war ein mächtiger Mann, hatte Elefanten und schweres Fußvolk und war von großer

Gewaltsamkeit in seinen Unternehmungen; und Eumenes war in Asien der einzige, mit dem Polysperchon sich verbinden konnte, um den jungen Königen das Reich zu erhalten. Eumenes hatte Elefanten und kappadozische Reiter und dazu – seit er Krateros geschlagen hatte – einen großen Namen als Feldherr. Doch ihm fehlte das, worauf es am meisten ankam: mazedonisches Fußvolk; und alles, was Polysperchon ihm zuerteilen konnte, waren die dreitausend Silberschilde. Man wußte allgemein, daß die Silberschilde unüberwindlich und allen anderen Veteranen Alexanders überlegen waren, und sie wußten das selber; aber sie waren nun satt an Ehren und wären am liebsten friedlich beim Schatz sitzen geblieben. Brummend über die Botschaft gehorchten sie Polysperchon und brachen von Kyinda auf zu neuen Kriegen.

Mit der Schilderung ihrer behaglichen Rast in Kyinda hätte ein altes Epos zum Lobe der Silberschilde beginnen sollen; leider aber haben die Dichter jener Zeit versäumt, dieses schlichte, biedere Gedicht mazedonisch-gräzisierenden Stils zu schreiben. Es hätte ungefähr so beginnen können:

»Sing uns vom Fall des Eumenes, vom Schicksal der Agyraspiden.«

Hier, in Kyinda, hatten die Silberschilde nach allen Strapazen und Kämpfen endlich Ruhe; sie, die Alexander gefolgt waren und seine Siege gewonnen hatten, waren auch die Hüter seiner Ehre, die fortlebte in ihrer Erinnerung und Gestalt, und hier war auch sein Schatz, der gemünzte Ausgleich für alle Mühen, die er sich unter dieser Sonne gemacht hatte. War es nicht ganz in der Ordnung, daß gerade sie seinen Schatz hüteten? Sie, die letzten seiner Soldaten, die noch zusammenhielten im alten Verband; wer denn hätte ein größeres Recht auf diesen Schatz haben können als sie selber? Zum erstenmal seit Alexanders Tode schien ihnen hier die Welt ein etwas vernünftigeres Aussehen anzunehmen und das alte (ungeschrieben gebliebene) Gedicht hätte in rein-idyllischem

Ton ihre Tage schildern sollen, wie sie als Wächter des Schatzes in der cilicischen Felsenburg dahingelebt ...

Doch Eumenes kam und nahm beides mit sich: Den Schatz und sie selber, und die Silberschilde sahen sich wieder im Sinnlosen umhergetrieben. Von Phönizien bis Medien, von Babylon bis Gabiene mußten sie nun an Ereignissen teilnehmen, die Asien erbeben machten; in härterer Mühsal als je zuvor und in schwereren Kämpfen, wenn im gigantischen Kriegsgetümmel zwischen Eumenes und dem Einäugigen Mazedonier auf Mazedonier losschlugen und Kriegselefanten zwischen versprengten Bataillonen umherwateten. Die Silberschilde waren oft halsstarrig, aber sie ließen sich doch immer wieder von Eumenes besänftigen und zu weiterem Mitfolgen bewegen, und allmählich fingen sie an, ihn mit Respekt zu betrachten und meinten, daß er an Entschlußkraft und an Fähigkeit, Siege zu gewinnen, mehr als andere dem Alexander ähnlich war. Eumenes erinnerte sie oft daran, daß sie ja doch für die Könige stritten, und wenn das nicht hinreichte, ließ er in seinem Zelt einen Thron errichten, auf dem das Diadem Alexanders lag und sein Schwert. Alexander selbst, erklärte er ihnen, der Gottgewordene, sei immer noch mit ihnen und führe nach wie vor den Oberbefehl.

Von Eumenes, der »von Natur Krieg liebte und gewagtes Spiel«, von seinem ausdauernden Kampf für eine verzweifelte Sache hätte jenes alte Gedicht Schönes zu sagen gehabt. Seine Kaltblütigkeit, seine Kühnheit und seine Unerschöpflichkeit an Auswegen wäre da in vielen Beispielen aufgezeigt worden; leuchtend hätte er dagestanden, nicht nur als Alexanders bester General, sondern auch als Mann von Ehre, denn er war der letzte Kämpfer für das königliche Haus. Doch hatte er eines gegen sich: Er war völlig allein. Es gab niemand in ganz Asien, der geneigt gewesen wäre, eine größere Menge Kleingeld für ihn oder für die Sache, die er verfocht, zu opfern. Er war in den Augen seiner eigenen Soldaten ein »chersonesi-

sches Unheil«, ein Ausländer und Friedloser, der guten
Mazedoniern verhängnisvoll wurde; und für seine Unter-
führer war er ein Emporkömmling, ein Mann, der mit der
Feder in der Hand, nicht mit dem Schwerte, Alexander
gefolgt war. Den Satrapen im Osten, auf die er sich stützen mußte, galt er als ein Eindringling in ihre Kleinkö-
nigsgeschäfte. Immer wieder versuchten seine Generale,
ihn zu verraten und mitunter auch zu ermorden; um dem
vorzubeugen, verfiel er darauf, große Geldsummen von
ihnen zu borgen. Solange er sie nicht zurückgezahlt hatte,
konnte er sich ruhiger fühlen. Seinen Vertrauten aber
klagte er, daß er lebte wie unter wilden Tieren.

Während friedlicherer Zwischenpausen in Lager und
Winterquartier hörten die Silberschilde mit Wohlgefallen
den Generalen und Satrapen zu, die Ränke gegen Eumenes schmiedeten, und sie nahmen gern ihr Gold entgegen.
Aber wenn das Heer auf dem Marsch war und unvermutet auf den Feind stieß, machten sie halt und riefen nach
Eumenes, und mit den Speeren schlugen sie an die Schilde, wenn er unter ihnen erschien, zum Zeichen, daß er ja
doch der einzige war, von dem sie etwas wissen wollten,
sobald es zum Kampf ging. Den Ruf, unüberwindlich zu
sein, hielten sie unter seiner Führung auch weiterhin aufrecht. Sie gingen gegen die schönste Schlachtordnung des
Einäugigen mit der Miene verachtender Zuversicht vor,
traten im Ansturm allen Widerstand unter ihre Füße und
warfen sogar die erlesenste mazedonische Infanterie über
den Haufen, dabei rufend:

»Jungens, Schlingel, wollt ihr euch mit euren alten On-
keln schlagen!«

Jahre vergingen; das große Kriegsgetümmel wälzte sich
durch Asien hin und her, und Eumenes, gegen Trug und
Waffen kämpfend, verstand stets, in den vielen abenteu-
erlichen Lagen, in die er geriet, sich oben zu halten. Aus
den Begegnungen mit seinem furchtbaren Gegner ging er
immer als Sieger hervor. Seine Stärke waren die Elefanten; es war ihm geglückt, sie von den Satrapen des Indus-

landes zu erhalten. Antigonos war ihm dagegen an schwerem Fußvolk überlegen, und bei diesem waren viele Mazedonier. Gegenüber den Silberschilden, den Elefanten und dem großen Feldherrngeschick des Eumenes zog er gleichwohl den kürzeren und mußte die ersehnten Winterquartiere von Gabiene Eumenes überlassen.

Doch es war nicht die Art des Einäugigen, den Mut sinken zu lassen, und mitten im Winter rückte er aufs neue gegen Eumenes heran.

In diesem Winter hatte Eumenes durch seine Generale und deren Verschwörungen so viel Unangenehmes erlebt, daß er in Schwermut verfallen war und daran dachte, sich von allem zurückzuziehen. Er wußte sein Leben so bedroht, daß er sein Testament gemacht und seine Briefe verbrannt hatte, um nach dem Tode nicht das Unglück seiner Freunde zu werden. Aber als Antigonos nun heranzog, bekam er Lust, noch einmal das Waffenglück gegen seinen alten Widersacher zu versuchen, und in diesem Beschluß bestärkten ihn die Silberschilde, die ihm sicheren Sieg versprachen. Hatte nicht immer der Sieg ihm und ihnen gehört?

Auf einer windgefegten Ebene bei Gabiene trafen darauf die beiden Gewaltigen zu einer letzten Kraftprobe aufeinander. Wo die Silberschilde angriffen, ging es wie immer: Sie durchbrachen die Linien des Antigonos und trieben den größten Teil seines Fußvolkes in die Flucht. Aber auf dem anderen Flügel war Antigonos' Reiterei erfolgreich; sie tauchte in Eumenes' Rücken auf, und der Troß des Herres fiel in Antigonos' Hand.

Im Troß waren die Frauen und Kinder der Silberschilde und ihre ganze Habe, alles, was sie ihr eigen nennen konnten nach so vielen Jahren der Mühe. Eumenes hielt nichts für verloren und wollte von neuem angreifen; doch da hatten die Silberschilde schon Boten zu Antigonos geschickt und ihr Eigentum zurückgefordert. Antigonos antwortete ihnen, sie würden bekommen, was sie wünschten, und mehr als das, wenn sie ihm dagegen den Eumenes gäben.

Da standen nun die Silberschilde in traurigem Grübeln, bedrängt von einem tragischen Zwiespalt, in einer Lage, aus der es keinen Ausweg gab. Sie waren Eumenes' Soldaten. Er hatte sie besser geführt als je ein anderer nach Alexander, und er war ihnen immer ein guter Herr gewesen. Ihn zu verraten war eine schlechte Tat.

Aber noch schlimmer und ganz ungehörig schien ihnen, wenn sie, Alexanders älteste Soldaten, nun um alles gebracht werden sollten und in ihren alten Tagen vielleicht zu Bettlern würden. Und in plötzlichem Zorn, der der Anstrengung schweren Grübelns entsprang, fragten sie sich, welche rechtmäßigen Ansprüche denn Eumenes an ihre Treue hätte. Warum sollten sie seinetwegen so viel ausstehen? Hatte nicht das mazedonische Heer ihn in gesetzlicher Form für friedlos erklärt durch ein Urteil, das der Reichsvorstand aufzuheben versäumt hatte? War nun nicht die Gelegenheit gekommen, dieses Urteil zu vollstrecken und damit auch den Krieg zu beenden und sich das Wohlwollen des Antigonos für immer zu sichern?

Je länger sie nachdachten, desto rasender wurden sie über Eumenes, und bald sahen sie deutlich ihren Weg vor sich und der gefaßte Beschluß schien ihnen verdienstvoll.

Mit ergebenen Mienen näherten sie sich Eumenes; sie griffen ihn schnell und banden ihm mit seinem eigenen Schwertgurt die Hände auf dem Rücken. Als die Boten des Antigonos kamen, ihn zu holen, bat Eumenes, einige Worte an seine Truppen richten zu dürfen. Man führte ihn durch das Heer, und vor den Silberschilden blieb er stehen.

»Bisher, o Silberschilde«, sagte Eumenes, »seid ihr die angesehensten aller Mazedonier gewesen, aber durch diese Tat habt ihr euch zu den verächtlichsten gemacht. Obgleich ihr siegreich wart, habt ihr selbst, eurer Habe wegen, euch für besiegt erklärt. Ich dagegen bin nicht überwunden, wenn ich auch als Gefangener hier stehe: ein Sieger über meine Feinde, geschlagen von meinem eigenen Volk.

Bloß um eins will ich euch noch bitten: Ich beschwöre euch bei Zeus, daß ihr mich tötet, hier. Antigonos wird darüber nicht zu klagen haben, denn nicht der lebende Eumenes, sondern der tote bringt ihm Vorteil. Tötet mich nun; oder befreit mir eine Hand und gebt mir ein Schwert, damit ich selbst es tun kann. Vielleicht aber fürchtet ihr euch vor einem Schwert in meiner Hand? Dann werft mich gebunden vor einen Elefanten, und ich will euch für schuldlos erklären an meinem Tode und bezeugen, daß ihr gegen euren General wie rechtschaffene Männer gehandelt habt.«

So sprach Eumenes zu ihnen, und die anderen Männer im Heere weinten, als sie ihn gebunden sahen und so reden hörten. Die Silberschilde aber riefen wie rasend: Nun sei genug geschwatzt worden, und er solle sofort zu Antigonos gebracht werden.

Antigonos ließ ihn in starken Verwahr setzen und war sich zuerst nicht klar darüber, was er mit ihm anfangen sollte. Zwei Männer seiner nächsten Umgebung baten für Eumenes' Leben, aber endlich gab Klugheit den Ausschlag und er wurde im Gefängnis getötet mit dem Schwert.

Die Silberschilde sahen somit alles in der günstigsten Weise verlaufen und blickten einer hellen Zukunft entgegen. Als sie erwartungsvoll vor den Einäugigen hintraten, erstaunten sie, daß sein Blick nicht mit Liebe auf ihnen ruhte. Wieder waren sie in etwas Unbegreifliches hineingeraten, und der Lohn, den sie erhielten, war ganz anders, als wie sie ihn sich gedacht hatten.

»Denn die göttliche Gerechtigkeit«, sagt der weise Moralist von Chaironeia, der das Leben des Eumenes geschildert hat, »überließ es nicht irgendeinem Beliebigen, die Befehlshaber und Soldaten zu bestrafen, die Eumenes verraten hatten; sondern sie ließ es durch Antigonos selbst geschehen, der von Abscheu gegen sie erfüllt ward wegen ihrer verächtlichen und unmenschlichen Tat.

Darum schickte er sie zu Sibyrtios, der Satrap war an der Grenze Indiens, und befahl, das Verderben der Silberschilde und ihren völligen Untergang herbeizuführen, so daß kein einziger von ihnen nach Mazedonien würde zurückkehren können und keinem je wieder ein Blick vergönnt wäre auf das griechische Meer.«

Der gute alte König Guntchramn von Orléans, der Groß-
sohn jenes Königs Chlodovech, der den Merowingern
Gallien erobert hatte, fuhr im Sommer 585 mit großem
Gefolge von seiner Hauptstadt gen Norden, nach Paris,
und klagte dabei sehr über die Wärme und die bösen
Zeiten. Er war als das Oberhaupt der Familie von Köni-
gin Fredegunde, der Witwe seines Bruders, die in ihrer
Hauptstadt Soissons saß, zu einer königlichen Kindstaufe
gebeten worden, und diese Angelegenheit war für den
Fortbestand des Geschlechtes von großer Wichtigkeit.

Ein Jahr vorher hatte Königin Fredegunde ihrem Gemahl, König Chilperich von Neustrien – der auch der
Nero oder Herodes seiner Zeit genannt wird – einen
Knaben geboren; aber noch bevor das geschah, war König Chilperich, als er nach einer Jagd bei Chelles (in der
Gegend von Paris) in der Dämmerung aus dem Sattel
stieg, von einem Unbekannten durch einen Schwertstich
in Achselhöhle und Bauch schwer verwundet worden. Er
war zu Boden gestürzt und hatte, während eine Menge
schwarzen Blutes ihm aus dem Munde rann, den Geist
aufgegeben. Viele meinten damals, Königin Fredegunde
sei es gewesen, die ihn hatte umbringen lassen; aber König Guntchramn, der alt und um den Fortbestand seines
Geschlechtes besorgt war, wollte ihr das nicht gern zu-
trauen, obwohl feststand, daß sie derartige Übeltaten bereits vollbracht hatte. Vor dem versammelten Hof und
der Priesterschaft (unter der sich auch Bischof Gregorius
von Tours, der Geschichtsschreiber seiner Zeit, befand)
hatte er bei der Mittagstafel in Orléans laut verkündet,
daß seiner Ansicht nach Bischof Theodor von Marseille
der Anstifter dieses Mordes gewesen sei und daß er sich
gelegentlich an ihm rächen würde. Was den neugebore-

nen Knaben der Fredegunde betraf, so war man sich allgemein darüber einig, daß die Vaterschaft in diesem Fall höchst ungewiß sei, besonders da Chilperich, noch bevor er sich zur Sache hatte äußern können, dahingegangen war.

Bei seiner Ankunft in Paris mußte König Guntchramn erfahren, daß das Kind dort noch nicht eingetroffen war und daß Königin Fredegunde sich noch in ihrer Hauptstadt aufhielt. Das steigerte seine üble Laune. Er verkündete laut, daß er ihren Sohn hinfort dem königlichen Geschlecht nicht zurechnen, sondern irgendeinen Hofmann oder Gutsvogt für den Erzeuger halten würde. Nun ließ Königin Fredegunde schleunigst drei Bischöfe und dreihundert Laien von guter Herkunft auftreiben; sie mußten sich in Paris einfinden und dort unter Eid aussagen, daß Chilperich in der Tat der Vater des Kindes sei. Damit ließ Guntchramn sich genügen. Er hob selbst bei einer späteren Gelegenheit den Knaben aus der Taufe und gab ihm nach dem Großvater den Namen Chlothachar; und nach und nach wurde dieses Kind der Vater des guten Königs Dagobert und der Stammvater der jüngeren Merowinger.

Aber die Schwermut König Guntchramns wollte auch nach dem Meinungsaustausch mit Fredegunde, als er – auf besseres Reisewetter wartend – in Paris saß, nicht recht weichen. Vor allem Volk klagte er darüber, daß nun ein so großer Mangel an Königen im Lande sei; denn nur noch er selbst und ein Bruderssohn seien da, Childebert der Junge, der Sohn der Königin Brunhilde, der kürzlich mannbar geworden und von den Austrasiern und Burgunden auf den Schild gehoben worden war. Und dazu kam nun dieser Sohn Fredegundes, über dessen Echtheit sich noch immer streiten ließ trotz der Dreihundert, die da geschworen hatten. In seiner Jugend seien die Zeiten besser gewesen; da hätte das Geschlecht geblüht und Könige seien in Menge dagewesen: vier oder fünf vollwüchsige Herrscher, die sich jedes zweite Jahr neue Königinnen genommen hätten. Damals wimmelten die Königshöfe von jungen Söhnen, die der Beischläferinnen ungerechnet. Aber seitdem hätten Stiefmütter, Pestilenz und Schwert dem Geschlecht übel mitgespielt; er selbst habe alle seine Söhne verloren und sei nun zu alt, auf neue zu denken. Mehr aber als anderes gräme ihn, daß die beiden erwachsenen Söhne seines Bruders Chilperich, die von ihrer Stiefmutter vor wenigen Jahren umgebracht worden waren, Merovech und Chlodovech, kein richtiges Begräbnis erhalten hätten und nun irgendwo auf offener Erde vermodern müßten oder in wer weiß welchem Sumpf oder Graben lägen, als seien sie ganz gewöhnliche Untertanen und nicht Könige gewesen.

Als König Guntchramn mit seinem Klagen soweit gekommen war, trat ein Mann vor ihn hin und gab an, er sei Fischer an der Marne. Vor einigen Jahren hätte er eines Morgens in seinen Netzen eine Leiche gefunden, und er hätte sie weitertreiben lassen (wie man das mit solchen Funden gewöhnlich tat, dort, wo die Zuflüsse der Gewässer von den Domänen Fredegundes und Chilperichs herkamen). Doch plötzlich sei ihm klar geworden, daß es kein gewöhnlicher Fang war, den er da getan hatte, und daß es sich dieses Mal nicht um einen vom königlichen Zorn getroffenen Beamten oder einen morgenländischen Juwelier, einen Diakon oder einen Leibmedikus handelte. Denn das lange Haar, das sich in den Maschen des Netzes verfangen hatte, zeugte davon, daß der Tote dem Geschlecht der Merowinger angehörte. Er hätte daher die Leiche an Land gebracht, hätte sie begraben und Rasenstücke darauf gelegt. Die Stelle könnte er noch zeigen. Und er glaube, es sei Chlodovech, Chilperichs Sohn, gewesen, den er damals gefunden und begraben hätte, denn der Zeit nach stimme alles überein.

Bei dieser Nachricht wurde König Guntchramn froh. »Mit großem Gefolge, als ginge es zur Jagd«, begab er sich gleich zu dem Platz, den der Fischer angab. Nach dem Ausgraben der Leiche zeigte es sich, daß das lange Haar noch erhalten war »außer im Nacken«, sagt der genau berichtende Bischof, »wo es sich gelöst hatte und ausgefallen war«.

So wurde denn König Guntchramn die hohe Befriedigung, daß sein Neffe zu St. Vincent in Paris so, wie es sich für ihn gehörte, unter die Erde kam.

Das ist ein kleines, alltägliches Situationsbild aus dem Familienleben der Merowinger zu den besseren Zeiten des Geschlechtes; auffallend nur durch das lange Haar, das wie ein Leitmotiv hier und an einigen anderen Stellen von Gregorius erwähnt wird.

Gregorius, Bischof von Tours und Verfasser der ›Historia Francorum‹, der ›Frankenchronik‹, ist kein Porträtmaler in Worten, und leider hat ihm bei seinem Werk kein Illustrator zur Seite gestanden. Er ist ein Ehrenmann und ein guter Erzähler, allerdings erstaunlich kindlichen Sinnes – »mirae simplicitatis«, wie sein Kritiker, Hilduin, um das Jahr 900 sagt –, rührend treuherzig mit seinem Überfluß an Wundern und Wunderkuren, in deren Mitte er lebt, als sei es das Selbstverständlichste von der Welt. So war er felsenfest überzeugt davon, daß Staub und Moder aus der Grabkapelle des heiligen Martin in Tours, wohlverrührt mit Wasser, Taubstummen und Gelähmten in den Hals gegossen, diese sofort dazu bringen könnte, sich zu erheben und tanzend den Heiligen mit lauter Stimme zu preisen.

Indes er war zugleich ein Mann, der ehrlich und geradezu berichtet, was er für wahr hält: Dinge, die er wirklich gehört und gesehen hat; und dazu war er ein Schriftsteller, dem es geglückt ist, seine kunstlose Chronik über das verwilderte Zeitalter zu einem unterhaltenden Geschichtswerk der Weltliteratur zu machen. Er bringt lebendige Szenen und kann bis ins Endlose Anekdoten aus dem täglichen Leben berichten – erbauliche Anekdoten von Bischöfen und Eremiten, obwohl im Frankreich des sechsten Jahrhunderts auch die frömmsten Leute (vom Tugendstandpunkt aus beurteilt) lärmend genug auftraten, was er keineswegs verschweigt. Dazu bringt er Anekdoten von Merowingern und fränkischen Großen, die alles andere als erbaulich sind. Bis zu einem gewissen Grade kann er auch Charaktere schildern, aber für die äußere Erscheinung seiner Personen interessiert er sich nicht; jedenfalls schweigt er sich darüber aus.

Sein ganzes Leben lang ging er mit diesen langhaarigen Merowingern um, er stand mit vielen von ihnen auf vertraulichem Fuß, aber nie macht er eine Andeutung über ihr Aussehen. Mit König Guntchramn hatte er lange Zeit viele Geschäfte; den Sohn des Chilperich, Merovech, nahm er in den Schutz seiner Kirche, als jener von seinen Eltern wegen der Heirat mit Brunhilde, der Witwe seines Oheims Sigibert, verfolgt wurde. Auch Königin Brunhilde kannte er, ebenso deren Sohn, Childebert den Jungen. Er verkehrte mit frommen Königinnen, die ins Kloster gegangen waren, und mit anderen, die unfreiwillig dort saßen und gar nicht zufrieden waren. Er war Mitglied der bischöflichen Kommission, die die weitläufigen Angelegenheiten der königlichen Nonne Chlodechilde von Poitiers zu ordnen hatte. Chlodechilde, die Tochter des Königs Charibert, war ins Kloster der heiligen Radegunde gesteckt worden, hatte aber sehr bald das Leben dort sattbekommen und einen Aufruhr ins Werk gesetzt, indem sie an die dreißig Nonnen aufwiegelte und mit sich nahm und dazu eine Bande kampftüchtiger Burschen – »Räuber, Totschläger, Hurenkerle und andere Übeltäter« – um sich sammelte; worauf sie als echte Prinzessin von Blut begann, sich mit Gewalttaten und Plünderung abzugeben.

Mit Königin Fredegunde war Gregorius mehr als einmal zusammengetroffen; eine Zeitlang war er sogar ziemlich unruhig umhergegangen, weil es hieß, sie hätte Meuchelmörder nach ihm ausgeschickt. Besonders gut stand er mit Fredegundes Tochter Rigunth; um seine bischöflichen Angelegenheiten zu fördern, machte sie sich sogar einmal mit ihrem ganzen Dienstpersonal an ein ausdauerndes Fasten und Beten. Mit einer Aussteuer von sechzig Wagenlasten hatte man sie, um sie zu verheiraten, nach Spanien geschickt; dort ließ man sie wieder umkehren, und sie hatte dann Gelegenheit, in Prügeleien mit ihrer Mutter anschauliche Proben von Gewandtheit und Mut abzulegen.

Mehrfach und ausführlich berichtete Gregorius von seinen Begegnungen mit dem vielleicht sagenhaftesten aller Merowinger, König Chilperich, der eine Zeitlang Herr über Tours war. Als Gregor einmal mit ihm auf dem Königshof in Nogent zusammensaß, packte der König in einem Anfall von guter Laune seinen gerade hinzukommenden jüdischen Juwelier am Nackenhaar und hielt ihn dem Bischof zwecks sofortiger Bekehrung hin – ein Versuch, der mißglückte, trotz des Königs hartem Griff und trotz der Salven von theologischen Argumenten, die Gregorius sogleich abfeuerte. Einmal hatte er mit Chilperich eine Besprechung unter vier Augen, die des Königs Rundschreiben an die Bischöfe betraf. Es handelte sich um eine neue Auffassung des Dreieinigkeitsbegriffes, die Chilperich selbst ersonnen hatte und durchgesetzt zu sehen wünschte. Während der Debatte mußte Gregor anhören, wie dieser königliche Amateurtheologe gegen die seligen Kirchenväter Eusebius und Hilarius losfuhr, als er merkte, daß die Auffassung dieser Autoritäten nicht mit der seinen übereinstimmte. Früher einmal hatte Chilperich eine Bischofssynode nach Paris berufen, um den Bischof Praetextatus von Rouen aus der Kirche ausstoßen und womöglich zum Tode verurteilen zu lassen, weil er Merovech und Brunhilde getraut, und, wie Chilperich behauptete, auch Geld gestohlen hatte (und es war eine etwas ängstliche Sache, selbst für einen König wie Chilperich, einen Bischof ohne Zeremonien ums Leben zu bringen).

Gregorius, der zugunsten des Bischofs gesprochen hatte, war in einen nahegelegenen Garten gerufen worden, wo der König beim Frühstück saß. Er bekam eine längere scharfe Zurechtweisung für seine Widerspenstigkeit und dazu die freundliche Einladung, von einigen Gerichten zu nehmen; aber er war vorsichtig genug abzulehnen. In seinem Ärger über das Zusammenhalten der Bischöfe äußerte der König damals, »daß ein Rabe dem anderen nicht die Augen auszuhacken pflegt«.

Für einen Menschen unserer Zeit wäre es selbstverständlich, über das Aussehen aller dieser Personen etwas zu sagen; aber Gregorius erwähnt nichts anderes als ihr langes Haar, und so bleibt ihr Bild unbestimmt, obgleich man mit ihnen sonst recht bekannt wird. Folgten sie dem germanischen Idealschema? Waren sie alle hochgewachsen, blauäugig, rotblond, oder unterschieden sie sich scharf voneinander? Traten sie in leichtgekappten, urgermanischen Bärten auf, oder waren sie glattrasiert mit langen, hängenden Schnurrbärten, wie das später, um Karls des Großen Zeit, Brauch wurde? Es gibt keine Kunstwerke, die darüber Aufschluß geben.

Man dürfte richtig raten, wenn man annimmt, daß sie physisch ein sehr gut ausgerüstetes Geschlecht gewesen sind, denn sie führten Generation auf Generation ein äußerst aufreibendes Leben und blieben doch lange kräftig und lebenstüchtig; erst ungefähr hundert Jahre nach Gregor kam die große Müdigkeit über sie, und dann genügte es ihnen, als rois fainéants inmitten ihrer Mundschenke und Frauen dazusitzen, während das Regieren von Hofmeistern (oder, wie wir sagen würden, von Premierministern), von einem Pipin von Heristal oder einem Pipin von Landen, besorgt wurde. Auch Fredegunde kann man sich außerordentlich schön denken – nicht gerade standardschön und einem prozellanartigen Konfektionsideal entsprechend, auch nicht kanonisch-bildschön im Stil von Göttinnen mit schleppendem Gewand, sondern schön wie irgendein furchtbares Raubtier, elementar, verschlingend, dämonisch-ursprunghaft von einer Schönheit, die bezwingend und dauernd war selbst für Männer, die im übrigen Frauen als einfachen Gebrauchsgegenstand auffaßten. Sie vermochte einen Mann wie Chilperich zu regieren, und dazu gehörte allerhand, unter anderem eine Schönheit von dieser Art; denn Chilperich war auch insofern der Nero seiner Zeit, als er ausgeprägte ästhetische Neigungen hatte; darin war er im Geschlecht der langhaarigen Könige, soviel man weiß, der einzige seiner Art. Indes zu einem zuverlässigen Bild verhilft Gregorius nicht, wenn man sich das Aussehen der königlichen Merowinger vorstellen will.

Jedoch: Wie Auerochse und Wolf mehr sind als Kuh und Dorfköter, so waren diese Merowinger mehr als gewöhnliche Menschen; sie waren in Wahrheit königlich, und ihr langes Haar trugen sie zum Zeichen ihres tiefverwurzelten Königtums oder ihrer Heiligkeit – invertierte Geweihte Gottes von wilder und schrecklicher Art. Sie waren so rein gezüchtet, von einer so natürlichen Selbstherrlichkeit und von so fest umrissener Sinnesart, daß sie sich nur mit größter Schwierigkeit zähmen ließen; darin glichen sie dem Auerochsen und dem Wolf, ihren Brüdern im germanischen Wald.

Sie leiteten ihr Geschlecht aus dem Urwald her, verbanden es mit der sagenhaften Geschichte des Stammes, ja sogar mit alten verschollenen Göttern; es war ihnen die selbstverständlichste aller Wahrheiten, daß das Geschlecht der Langhaarigen die Herrschaft besaß, denn so war es gewesen, solange das Volk der Franken zurückdenken konnte. Als sie aus dem Wald und aus der alten Lebensform des Stammes hervortraten und auf Heerfahrten über die Ebenen Galliens von Stammeshäuptlingen zu Monarchen emporwuchsen, als sie sich dann in einem mit dem Speer gewonnenen Land niederließen, um – gestützt auf ihre Kriegerscharen – über steuerzahlende römischgallische Bauern und Bürger zu regieren, da traten sie, was sie selbst anging, in das Reich der absoluten Freiheit hinaus, in eine große Leere, die moralisch unbegrenzt war. Die alten Bande waren gefallen, mit den Sitten der Stammeshäuptlinge hatte man gebrochen, und es paßte wenig zu merowingischer Art, sich in den sinnreichen neuen Schlingen fangen zu lassen, die die Vertreter des Christentums für sie bereit hielten.

»Beuge demütig deinen Nacken, Sigambrer«, sagte der heilige Remigius zu Chlodovech dem Eroberer, als dieser an der Spitze seines kriegerischen Gefolges in der Kirche zu Reims an den Taufstein herantrat, »bete an, was du verbrannt, verbrenne, was du angebetet hast.« Denn, sagt Gregorius stolz, jener Remigius war ein sehr gelehrter und wortkundiger Mann, der es verstand, sowohl die alte, vornehme Bezeichnung Sigambrer anzuwenden, als auch die Bedeutung der Bekehrung durch eine klangvolle und feierliche Sentenz zu betonen. Wahrscheinlich hat Chlodovech wirklich seinen Nacken gebeugt – man darf bezweifeln, daß es ihm glückte, es mit Demut zu tun –, und gewiß fiel es ihm nicht schwer, die zweite Hälfte der Wünsche, die der fromme Remigius aussprach, zu erfüllen, denn er hat wohl nie an irgendwelche Götter geglaubt und ihnen geopfert. Aber dabei blieb es; vor neuen moralischen Gesetzen oder einer neuen Gottheit beugte er sich nicht. Sowohl vor wie nach der Wasserbesprengung glaubte er an eine einfache, erprobte Dreieinigkeit, und die genügte ihm: an seine Klugheit, an die Stärke seines Armes und die hohe Überredungskunst seiner doppelschneidigen francisca. Begießen eines Auerochsen mit Wasser, das war alles, was man damals erreichte. Das Haar trocknete bald, und als dieser Nacken sich das nächste Mal beugte, war es, um die Hörner zu gebrauchen wie zuvor.

Der theologische Schimmer, mit dem die Frankenchronik Chlodovechs Gestalt umgibt, rührt bloß daher, daß er nicht zum Arianer getauft wurde. Arius war der Erzketzer, der Volksverderber, der Konkurrent des Antichristen; für die rechtgläubigen Katholiken jener Zeit mag der Teufel selbst sich neben Arius wie eine ehrenwerte Person ausgenommen haben, und mit einem Aufschrei frommen Glücks teilt Gregorius mit, jener Apostel des Anstoßes habe sein Leben auf einem Abtritt beschlossen, wo ihm die Gedärme aus dem Leibe gefallen seien. Wenn man sich nur nicht dem Arius verschwor, so war schon das meiste gewonnen; alles andere war daneben eine Kleinigkeit; und Chlodovech, der durch seine rechtgläubige Taufe ein ganzes Volk vor dem Dunkel der Irrlehre bewahrt hatte, konnte nicht gut anders, als – im Unterschied zu anderen germanischen Fürsten – eine Art Laienheiliger und Mann Gottes werden, so wenig er sich im übrigen um eine derartige Würde bemüht hat. Seine religiöse Begabung hielt sich ans Praktische. Als rechtgläubiger katholischer König konnte man im Kampf gegen die arianischen Westgoten die Gefolgschaft von allerhand altansässigen Galliern gewinnen, die sich einem Heiden oder Arianer nur knurrend und nach Anwendung harter Maßregeln angeschlossen hätten.

Zu der Zeit, da Gregorius seine Chronik schrieb, hatte sich die Sage dieser Gestalt schon halb bemächtigt. Zwei Mannesalter waren verflossen, und die Berichte über den großen König, über seine Schlauheit, seine Zielbewußtheit, seine scharfen Äußerungen und seine sichere Hand waren so lange von Mund zu Mund gegangen, daß Gregorius' Darstellung hier etwas von pietätvoller Familiengeschichte hat.

So erzählt er, daß Chlodovech, als die Eroberungen durchgeführt waren, seine alte Heimat besucht und zur Befestigung seiner Herrschaft eine blutige Rundwanderung bei seinen Verwandten, den salischen und ripuarischen Volkskönigen, unternommen habe, die in den alten Stammlanden sitzen geblieben waren, während die beweglicheren Franken mit Chlodovech sich nach Süden aufgemacht hatten.

Den Sohn Sigiberts des Lahmen, der in Köln saß, reizte er dazu auf, seinen Vater zu ermorden, worauf er ihn selbst als Vatermörder erschlug und sein Land in Besitz nahm. Dann ließ er den salischen König Chararik und dessen Sohn greifen, ihnen das lange Haar abschneiden und sie zu Priestern weihen; als sie einander tröstend zuflüsterten, das Haar werde wieder wachsen, ließ er sie umbringen. Er besiegte König Ragnachar von Cambrai; dieser wurde mit seinem Bruder Ricchar gebunden vor Chlodovech gebracht.

»Du hast unser Geschlecht entehrt dadurch, daß du dich binden ließest«, sagte er zu Ragnachar, »es wäre für dich besser gewesen zu sterben«; und damit schlug er ihm die Axt in den Schädel. Darauf wandte er sich zu Ricchar:

»Wenn du deinem Bruder beigestanden hättest, wäre er nicht gebunden worden.« Und auch ihn erschlug er, wie den anderen.

Nach allen diesen Geschehnissen fing er an, sich alt und müde zu fühlen. Er hielt die letzte Heerschau mit seinen Franken, das »Marsfeld«, als Herr über das ganze fränkische und fast das ganze gallische Land. Da sprach er zu seinem Volk und sagte:

»Weh mir, denn ich bin wie ein einsam Fahrender unter Fremden. Niemand meines Geschlechtes ist übrig, mir zu helfen, wenn böse Tage kommen sollten.« Dieses aber, bemerkt der merowingerkundige Gregorius, sagte er aus List, um zu sehen, ob nicht ein unbekannter Verwandter dadurch verlockt würde, sich zu melden, so daß auch er getötet werden könnte.

Die dänische Übersetzerin der Frankenchronik, Professor J.P. Jakobsen, kommt indes zu einer anderen Erklärung, die viel für sich hat und die dem schrecklichen fränkischen Reichsbegründer den Schimmer großer Tragik verleiht. Chlodovech war alt, als er diese Worte sprach, und er richtete sie an Franken. Für einen Augenblick mag er das Gefühl gehabt haben, daß das vollendete Lebenswerk nicht die Kosten wert gewesen sei. Denn so, wie er nun vor seinen Franken dasaß auf seinem Königsstuhl, war er in Wahrheit einsam, geschieden von jeder menschlichen Gemeinschaft durch eine andere Schranke als durch sein Königtum. Denn für jedes unverderbt germanische Auge brandmarkte ihn ein Gesetz, vor dem es keine Flucht gab, das seine eigene Strafe in sich trug und über das Zauberformeln, Mysterien und Weihwasser keine Macht hatten: Das alte Gesetz des Blutes, das rettungslos den zum Übeltäter, zum Niding, stempelt, der Totschlag verübt hat in seinem eigenen Geschlecht. Als ein sehr großer König saß Chlodovech da, als der größte aller lebenden germanischen Fürsten nächst dem Schwager Theoderich in Italien, aber einen Augenblick lang mag er den Fluch stärker empfunden haben als die eigene Größe.

Dies ist nur eine Theorie, die vielleicht sentimental und beschönigend ist, aber sie mag auch Wirklichkeit gewesen sein. Wenn das aber so war, läge hier das einzige Anzeichen dafür vor, daß ein Sohn dieses langhaarigen Geschlechtes so etwas wie Gewissensbisse empfunden hätte.

Das Phänomen wiederholt sich nicht bei seinen Nachkommen. Vier Söhne erbten das Reich: Drei von ihnen waren in der Ehe mit der burgundischen Prinzessin Chlodechilde geboren, der vierte war Sohn einer Konkubine. In Erbschaftsangelegenheiten wie in allem anderen gab es bei den Merowingern keine Pedanterie. Man war von väterlicher Seite her vom Geschlecht der Langhaarigen und damit gut; ob man Sohn einer Königin oder einer Küchenmagd war, ob Priestergemurmel der eigenen Entstehung vorausgegangen war oder nicht, war völlig bedeutungslos. Der Anzahl der vorhandenen Söhne entsprechend wurde das Reich kreuz und quer gespalten, so daß die Karte des Landes zeitweise einer bunten Flickendecke glich; gegen Einheitsgedanken, historische Mission, organische Entwicklung und ähnliche hohe Dinge, die die Historiker einer späteren Zeit bei Betrachtung dieser Zustände traurig diskutiert haben, war man von souveräner Gleichgültigkeit. Denn das Land gehörte den Merowingern, und sie durften nach Gefallen damit umgehen. Ihre Geschäfte betrieben sie nach ihrem eigenen Kopf, von Fall zu Fall, eilig und gewaltsam und ohne unnötige Komplikationen. Sie trachteten einander fleißig nach dem Leben und setzten dadurch, so gut es ging, die

Zahl der Teilfürstentümer herab; aber das geschah keineswegs in irgendeiner historischen Missionsstimmung, sondern weil jeder einen so fetten Bissen haben wollte wie nur möglich. Allerdings, das spätere Europa gründet sich auf ihren Staat; aber bewußt haben sie die Grundsteine dazu nicht gelegt. Ihnen genügte, daß sie die langhaarigen Merowinger waren, und ihre Gedanken und Taten galten ausschließlich einer Gegenwart, die ihnen inhaltsreich genug war.

Bei den Generationen, die auf Chlodovech folgten und die Gregorius geschildert hat, gestaltete sich das Leben der Könige unter normalen Umständen ungefähr auf folgende Weise:

In der Kinderstube irgendeines Königshofes, in Metz, Soissons, Orléans, Paris oder sonst wo, wuchs ein gemischter Wurf langhaariger Nachkommen heran, erzogen oder vernachlässigt von einem Schwarm von Müttern, Stiefmüttern, Dienstmädchen, Apothekern, Hofmeistern und anderen mehr. Nach und nach wurden die jungen Prinzessinnen herausgesucht, um verheiratet oder in Klöster gesteckt zu werden; die Schar der Prinzen lichtete sich durch Stiefmütter und Apotheker; einige, die Glück hatten, blieben am Leben. Erziehung und Ausbildung ging überwiegend in den Formen eines praktischen, selbsterteilten Anschauungsunterrichts vor sich. Die Merowinger waren im allgemeinen begabt und lernten schnell und gründlich allerhand Unfug, mitunter auch wohl ein wenig Latein. Sobald sie groß genug waren, um eine Axt zu schwingen, mag es für einen armen Präzeptor abenteuerlich genug gewesen sein, ihre Deklinationen zu korrigieren oder sie in der Kapelle des allgemeinbildenden St. Martin nachsitzen zu lassen. Dreizehnjährig kämmte man sie als vielversprechende junge Leute; vierzehnjährig suchten sie sich Beischläferinnen unter den Weberinnen und Kammermädchen; mit fünfzehn waren sie erwachsen und konnten auf den Schild gehoben werden.

Unterdessen war ihr königlicher Herr Vater gewöhnlich schon vom Tod ereilt worden, entweder im Kampf gefallen oder vergiftet von seinen Frauen, oder Spieß und Skramasax hatten ihn während irgendeiner brüderlichen Auseinandersetzung durchbohrt. Denn in diesem Geschlecht, sagt ein Historiker, hatte man es eilig, von der Wiege zum Thron und vom Thron ins Grab zu kommen. Eine Art Vormundschaftsregierung wurde von Königinnen und deren Günstlingen in Gang gehalten; Intrigen wurden gesponnen, ehrgeizige große Herren begannen ernstlich von Macht und Herrlichkeit zu träumen; aber plötzlich öffneten sich die Türen des Kinderzimmers, ein Schwarm neuer Könige stürzte hervor und erteilte durch Schädelspalten bei einer Anzahl Herzögen und Hofbeamten den Überlebenden einen Wink, der zu verstehen gab, daß die Zeit noch nicht reif sei für ein ungestörtes Blühen reichshofmeisterlicher Disteln in der Nähe von Königskerzen.

Darauf ließen sie sich, jeder in seiner Stadt, nieder und machten sich ans Regieren; Chlodovechs vier Söhne: Theoderich, Chlodomer, Childebert und Chlothachar; und Chlothachars Söhne – auch vier, seit der fünfte sich gegen seinen Vater erhoben hatte und an seinem Zufluchtsort verbrannt worden war: Charibert, Guntchramn, Sigibert und Chilperich; oder Sohn und Großsohn Theoderichs (eine Linie, die mit ihnen erlosch): Theodobert und Thedowald, gewaltige Fürsten zu ihrer Zeit; und Childebert der Junge, der Sohn Sigiberts und der Brunhilde, und schließlich die beiden Söhne dieses Childebert, die schon nach Gregorius lebten.

Wohlplaziert auf ihrem Königsthron überblickten sie die Dinge mit wachen Augen und fanden, daß es viel zu tun gab. Ihre Privatangelegenheiten ordneten sie nach eigenem Gutdünken, und genau genommen war alles für sie Privatangelegenheit. Ruhig und mit Selbstverständlichkeit wälzten sie sich in allen Lastern und allen Verbrechen. Mit ärgerlicher Zerstreutheit hörten sie die zaghaft vorgebrachten Ermahnungen von Bischöfen und klugen alten Frauen an, während sie den Kopf voll wichtigerer Dinge hatten. Sie besaßen ein Übermaß von Energie, eine zornwütige Lebhaftigkeit, und sie spürten, daß das Leben kurz war. Unbeschwert von ethischen Begriffen taten sie im wahrsten Sinne des Wortes, was ihnen einfiel. Einige, wie Chlothachar und Chilperich, waren schlimmer als der Durchschnitt durch ihre größere Intelligenz, ihre längere Lebensdauer und günstigere Gelegenheiten; andere waren um Haaresbreite besser. Indes auch nachsichtige Moralisten oder Sozialethiker von bescheidenen Ansprüchen würden sogar den guten König Guntchramn, den Gregor höchlich liebt und ehrt und der von der katholischen Kirche nach und nach zum regelrechten Heiligen erhoben worden ist, als eine Person höchst bedenklicher Art bezeichnen.

Den älteren Generationen gab das Privatleben keinen hinreichenden Spielraum für ihren Tatendrang. Anstrengende Lebensführung dämpfte ihre Kräfte nicht merkbar; sie hielten die Augen überallhin offen und betrieben nach allen Himmelsrichtungen eine Politik, die hochgradig aktiv war. Sie führten Krieg gegen alles und alle, mit denen sie irgend in Berührung traten; sie schlugen sich mit Burgundern, Westgoten, Alemannen, mit Ostgoten, Thüringern, Langobarden, Sachsen, Avaren, Friesen, Basken, Bretonen, Bayern und Byzantinern. Stets waren sie die Angreifenden; eine Ausnahme machen nur die Avaren und der berühmte König Chlochilaicus von Götland (im angelsächsischen Gedicht ›Beowulf‹ heißt er Hygelac), der als der erste bekannt gewordene Wikinger einen größeren Heereszug an die friesische Küste unternahm und dort im Kampf gegen König Theodobert fiel. Die Merowinger eroberten Reiche, unterwarfen Völker, teilten Beute aus; sie tranken sich königliche Siegesräusche an und ließen den Venantius Fortunatus klassische Gedichte verfertigen, die von ihrer Macht und ihrem Ruhme handelten.

Mitunter passierte ihnen allerdings ein unglücklicher Zufall: So geschah es, daß die Burgunder König Chlodomer einkreisten und seinen Kopf auf eine Speerspitze steckten; die Avaren kamen König Sigibert gegenüber auf Einfälle, denen nicht immer leicht zu begegnen war; der schlaue Eunuch Narses vernichtete als Feldherr des oströmischen Reiches ein großes fränkisches Heer, das in der Absicht, Italien zu erobern, schon bis zum Volturnus vorgedrungen war, und andere Heere gingen durch Dysenterie, Pest und durch unmäßiges Trinken jungen Weines zugrunde. Gegen den guten König Guntchramn kämpfend hieben und stachen die Westgoten in Septimanien tapfer drauf los, und die Krieger Childeberts des Jungen kehrten von einem mißglückten Unternehmen gegen die Langobarden als Bettler zurück. Dergleichen konnte indes die merowingischen Herrscher nicht mutlos machen oder ihnen den Appetit nehmen. Neue Heere wurden zusammengebracht, neue Herzöge ausgeschickt, und so etwas wie eine öffentliche Meinung war noch nicht erfunden.

Es kam vor, daß unbedachte Herrscher mit den Merowingern ein Bündnis schlossen, und sie fanden in ihnen Bundesbrüder recht eigentümlicher Art. Aus Byzanz trafen Säcke gemünzten Goldes ein zugleich mit dem Vorschlag des Kaisers, die Ostgoten oder die Langobarden in Italien gemeinsam anzugreifen. Die Goldsäcke wurden angenommen; ein fränkisches Heer wurde ausgerüstet und fiel in Italien ein. Es schlug, was ihm im freien Feld vor Augen kam, und drang plündernd in das Land vor. Kam nun etwa plötzlich eine byzantinische Armee in Sicht, die den anrückenden Verbündeten froh zuwinkte und die Tuba festlich ertönen ließ, so fielen die Franken ohne Zögern auch über sie her und vernichteten sie, ungeachtet aller verwunderten Proteste. Dann suchten sie zusammen, was die Mühe des Mitschleppens zu lohnen schien, und zogen wieder in ihr Land zurück.

Nach gebührender Frist traf beim merowingischen Monarchen eine byzantinische Gesandtschaft ein, die sich ernstlich über das Vorgefallene beschwerte und das Geld zurückforderte, und es läßt sich leicht denken, zu welchen Ausbrüchen diplomatischer Redekunst es bei solchen Gelegenheiten kam. Aber derartiges ließ die Merowinger gleichgültig; sie kümmerten sich nicht um diplomatische Wendungen, sprachen nicht von bedauerlichem Mißverständnis, wiesen nicht auf ihre allbekannte Tüchtigkeit hin und schoben nichts auf Irrtümer junger Feldherren. Sie versprachen nicht Besserung, sie entschuldigten sich nicht, sie schwuren nicht fortab unverbrüchliche Brüderschaft. Sie warfen bloß die Gesandten hinaus und gingen dann zur Tagesordnung über. Damit war die Sache für ihren Teil erledigt, und der nächste Mann mit Goldsäkken durfte antreten, wenn es ihm Spaß machte, die Hilfe fränkischer Speere anzurufen. Ihre Hand war gegen alle, und aller Hände waren gegen sie. Eine solche Lage der Dinge scheint ihnen nichts ausgemacht zu haben.

Ihre größte Energie widmeten sie indes den Beziehungen untereinander. Nur wenige Begebenheiten der Geschichte dürfen mit so viel Recht ein Alpdruck genannt werden wie der ungeheure Familienzank, der die merowingische Epoche fast ausschließlich erfüllt. Hier steht der Bruder gegen den Bruder, der Vater gegen den Sohn und der Sohn gegen den Vater, und daneben, um das Bild vollständig zu machen, liegen entschlossene Königinnen gegeneinander im Hinterhalt. Nach außen hin stehen sie bis zu einem gewissen Grade zusammen; es kommt vor, daß sie sich gegen Burgunder, Thüringer und andere verbünden; aber sobald solche Episoden vorüber sind, kehren sie zum Normalzustand zurück: Heimtückische Pläne werden geschmiedet, trügerische Zusammenkünfte arrangiert, und Banden von Meuchelmördern und Kontra-Meuchelmördern durchqueren das Land in königlichen Geschäften.

Theoderich von Austrasien und sein Bruder Cholthachar zogen 531 gegen die Thüringer zu Felde; sie schlugen sie entscheidend und gewannen nach ihrer Unterwerfung unter anderem als Beute die thüringische Prinzessin Radegunde, die Chlothachar sich zur Königin nahm (und die später, nach einer an Nebenfrauen überreichen Ehe, ins Kloster ging und die heilige Radegunde wurde). Nach gewonnenem Sieg kam Theoderich auf den Gedanken, daß sich ihm hier, in der entlegenen thüringischen Wildnis, eine gute Gelegenheit biete, seinen Bruder loszuwerden. Er befestigte in einem Saal eine Draperie, stellte Bewaffnete dahinter und bat nun seinen Bruder zu einer Besprechung. Die Draperie war jedoch ein wenig zu kurz, jemand, der zufällig einen Blick in den Saal warf, sah Füße darunter hervorgucken, und die Folge war, daß Chlothachar sich mit schwerbewaffnetem Gefolge einfand. Theoderich musterte gedankenvoll die Erschienenen, redete zerstreut von diesem und jenem und erklärte zuletzt, er habe seinen Bruder herbeigerufen, um ihm ein kostbares Geschenk zu machen; worauf er ihm eine große silberne Schüssel überreichte. Chlothachar nahm die Schüssel und ging; Theoderich aber saß traurig da und brach in Klagen aus, daß er nutzlos sein bestes Tischgerät drangegeben hätte. Schließlich wandte er sich an seinen Sohn Theobert: »Geh zu deinem Oheim«, sagte er, »und bitte ihn um das Geschenk, das ich ihm gemacht habe.« Und wirklich: Auf irgendeine Weise, über die Gregorius nicht näher unterrichtet ist, glückte Theobert die Ausführung dieses Auftrages, und damit schließt die Episode. »In Veranstaltungen dieser Art war Theoderich sehr geschickt«, fügt Gregorius schlicht hinzu, während der Leser weniger durch den Mordversuch verblüfft ist als durch das unglaubliche Geschäft mit der Schüssel.

Als der ungeheuerlichste in der Frankenchronik berichtete Schurkenstreich kann vielleicht der gelten, den der hier glücklich davongekommene Chlothachar einige Zeit nachher beging. Der ältere Bruder, Chlodomer, der im Kampf gegen die Burgunder gefallen war, hatte drei minderjährige Söhne hinterlassen, die sich zu Paris, in Obhut der Großmutter, der frommen Königin Chlodechilde, befanden. Sie, die Witwe Chlodovechs, eine Burgunderin, hing sehr an diesen Knaben und war bemüht, sie deren Oheimen fernzuhalten. Von seinem dritten Bruder, Childebert dem Älteren, wurde nun Chlothachar zu einer Zusammenkunft in Paris gebeten, um über die Zukunft dieser Prinzen zu beraten. Nach gemeinsamer Überlegung ließen die beiden Könige die zwei ältesten Neffen, Theodovald und Gunthachar, greifen und schickten der Königin Chlodechilde eine Schere und ein Schwert zu mit der Aufforderung, selbst zu entscheiden, welches dieser beiden Geräte zur Anwendung kommen sollte. Ungeachtet ihrer großen Frömmigkeit und ihrer Liebe zu den jungen Prinzen überwog in der Erregung des ersten Augenblicks bei der alten Königin der Familienstolz, und sie antwortete ihren furchtbaren Söhnen: »Besser, sie sterben, als daß sie geschoren werden.« Damit hatte das älteste Familienglied die Zustimmung gegeben, und Chlothachar stach sofort mit eigener Hand die beiden Prinzen nieder, obgleich der etwas weniger verhärtete Childebert einen schwachen Versuch machte, den einen zu retten. Den dritten und jüngsten Prinzen, Chlodowald, konnte Chlodechilde dadurch retten, daß sie versprach, die Schere anzuwenden; er wurde also geschoren, ins Kloster gesteckt und ist einer der beiden männlichen Heiligen dieses Geschlechtes geworden. Im Namen St. Cloud lebt er noch heute fort.

Als Chlothachar alt geworden war und anfing, sich gebrechlich zu fühlen – als der einzige Überlebende von Chlodovechs Söhnen war er nun Herrscher über alle fränkischen Reiche –, kam er nach Tours zur Kirche des heiligen Martin und gab dort ein großes Schauspiel königlicher Frömmigkeit zum besten. Er stieg hinab zum Grabe des Heiligen, zählte dort alle bösen Taten auf, die er aus Unachtsamkeit begangen hätte, und bat unter viel Seufzen den heiligen Bekenner, die Gnade Gottes für ihn zu erwirken. Darauf begab er sich zur Jagd auf seinen Königshof Compiègne, bekam das Fieber und legte sich zu Bett, um zu sterben. Seine letzten Worte haben mehr merowingischen Stil als der Besuch beim heiligen Martin. Als es zu Ende ging, hörte man ihn betrübt murmeln: »Er mag in Wahrheit groß und mächtig sein, der imstande ist, so großen Königen das Leben zu nehmen.«

Seine vier Söhne führten ihn mit großem Pomp nach Soissons und setzten ihn in der Kirche des heiligen Medardus bei; worauf sie ohne längeres Zeitverlieren daran gingen, sich um das Erbe zu schlagen.

Gregorius stellt keine Betrachtungen über Chlothachars Aussichten auf das Himmelreich oder über seinen Charakter an; man gewinnt den Eindruck, daß dieser König, der in den Augen des Lesers mit aller Deutlichkeit als die widerwärtigste Gestalt der Frankenchronik dasteht, für ihn eine vom Normalen nicht sonderlich abweichende Erscheinung war. Indes mag das darauf beruhen, daß Gregorius, als Chlothachar starb, erst zweiundzwanzig Jahre war, also ein unbedeutender junger Diakon, der zu Königen noch keine persönlichen Beziehungen hatte. Chilperich dagegen, den dominierenden Tunichtgut der nächsten Generation, kannte er persönlich, und er hat es tatsächlich zu einigen recht treffenden Urteilen über ihn gebracht. Ihn belebte dabei ein persönlicher Haß, was in seinem Fall notwendig war, um ihm den Blick für den moralischen Gehalt königlicher Personen zu schärfen; und gegen Chlothachar war bei ihm ein solcher Haß nicht vorhanden. Im übrigen hatte Chlothachar kurz vor seinem Hingang die Kirche des heiligen Martin in Tours mit einem neuen Dach von Zinn decken lassen, und das sprach zweifellos zu seinen Gunsten.

Man darf im ganzen nicht zu viel von Gregorius verlangen, wo es moralische Urteile über die Merowinger gilt; denn zu seiner Zeit waren sie keineswegs vereinzelte Erscheinungen, und ein Bischof kam tagtäglich in so nahe Berührung mit Verbrechen und Verwilderungen aller Art, daß selbst ein sehr markant-merowingisches Gehaben sich recht harmlos ausnehmen konnte.

54

Diese langhaarigen Könige, von denen seine Chronik handelt, waren zweifellos in hohem Grade der Übermacht des Teufels und der Welt des Fleisches verfallen; aber rings um Gregor, wohin er auch den Blick richtete, zeigte sich diese Macht auf den allerheiligsten Gebieten so allgemein vorherrschend und so hoch in Blüte, daß ein armer Bischof, dem keine Zeit blieb, über Kleinigkeiten zu klagen, froh sein mußte über den geringsten Versuch zu dem, was als Tugend oder Menschlichkeit gelten konnte in Sphären, die außerhalb der engsten kirchlichen Kreise lagen.

Gewiß war es gut und schön, daß es Gebote gab, die da sagten, man sollte nicht töten, nicht stehlen, nicht ehebrechen, und rein theoretisch mußte ein Mann Gottes natürlich einsehen, daß ihre Übertretung unter allen Umständen verdammenswert war; aber mehr als eine nebelhafte, ferne Theorie waren solche Gebote nicht, und Gregorius meinte schon viel gewonnen zu haben, wenn er seine Untergebenen und Gemeindeglieder abhalten konnte – nicht vom Stehlen, sondern vom Stehlen heiliger Reliquien und Abendmahlsgeräte; nicht von Totschlag, wohl aber vom Töten an der heiligen Freistatt der Kirche; nicht von Ehebruch, wohl aber von allzu anstoßerregender Unkeuschheit unter Mönchen, Nonnen und Priestern. Das Ergebnis der frankogallischen Beziehungen war ein gegenseitiger Unterricht in allerhand Untugenden gewesen, und in dieser Richtung machte das Jahrhundert eifrig Fortschritte. Die Gallo-Romanen lernten von den Franken Gewaltsamkeit, und die Franken nahmen mit Begier alles auf, was die Gallo-Romanen an römischen Lastern zu bieten hatten. Sogar die höhere Geistlichkeit, die letzte Zuflucht aller Kultur und Moral, verfiel schnell in Barbarei, und vielleicht wirft nichts ein helleres Licht über die Welt, in der Gregor lebte, und über die seltsamen Blüten, die sie trieb, als seine schlichten Anmerkungen über die Lebensführung etlicher zeitgenössischer Geistlicher.

Der Bischof von Clermont, Cautinus, war dem Trunk so ergeben, daß vier Mann nötig waren, um ihn vom Mittagstisch zu schleppen. Eunius, der Bischof von Vannes, war, als er in Paris die Messe las, so berauscht, daß er wiehernde Töne ausstieß und zu Boden fiel. Badegisil, Bischof von Mans, pflegte mit einem Knüttel auf seine Umgebung loszugehen und zu grölen: »Daß ich Priester geworden bin, soll mich nicht hindern, für widerfahrenes Unrecht Rache zu nehmen.« Der Abt Dagulf, der in freien Augenblicken als Wegelagerer und Mörder tätig war und »dessen Hurerei keine Grenzen kannte«, besuchte einst eine Frau, als deren Mann verreist war; er berauschte sich mit ihr und ging darauf mit ihr zu Bett – »in *ein* Bett«, sagt Gregor mit strenger Miene; und dort verblieben die zwei, bis der Mann nach Hause kam und sie beide mit der Axt erschlug – eine Begebenheit, von der Gregor hofft, sie möge Priestern zur Warnung dienen. Die seltsamsten Nummern in Gregors Galerie stellen jedoch die Bischöfe Salonius und Sagittarius dar, Bischöfe, die vermutlich nur selten ihresgleichen gehabt haben und deren Blütezeit im Reich des guten Königs Guntchramn in das Jahrzehnt 560 bis 570 nach Chlothachars Tode fiel.

Diese beiden Diener des Geistes waren Brüder, und es scheint, daß sie stets in brüderlicher Eintracht zusammengehalten haben. Wie groß ihr Vorrat an Frömmigkeit, Gelehrsamkeit und priesterlichem Eifer anfangs gewesen sein mag, ist nicht bekannt. Auf irgendeine Weise wurden sie Bischöfe, und nun vergaßen sie sofort gänzlich, was der heilige Nicetius, ihr Erzieher, sie gelehrt hatte. »Hochentzückt davon, daß sie nun tun und lassen konnten, was sie wollten, fielen sie alsbald in verrückter Bosheit den ärgsten Tollheiten anheim und verübten Raub, Totschlag, Hurerei und allerhand andere Verbrechen.« Unter anderem stellten sie sich an die Spitze einer Bande von Wegelagerern und statteten so einem Amtsbruder, dem Bischof zu Tricastinorum Urbs, Victor, der gerade seinen Geburtstag feierte, einen Besuch ab; vielleicht, um ihrem Mißvergnügen darüber, daß sie nicht eingeladen worden waren, Ausdruck zu geben. Mit Schwert und Spieß brachen sie in das Haus ein und betraten unter Kampfgeschrei den Speisesaal, wo der Bischof gerade zu Tisch saß. Sie schlugen mehrere seiner Diener tot, zerrissen ihm selbst die Kleider, nahmen das Service und anderes Festgerät mit und ließen den Bischof halbnackt und mißhandelt zurück.

König Guntchramn gab ihnen nun eine scharfe Zurechtweisung und nahm ihnen ihr bischöfliches Amt; aber Salonius und Sagittarius wußten Rat. Sie wallfahrteten nach Rom, führten Klage beim Papst und erhielten von ihm ein Schriftstück, das alles wieder zurechtstellte; worauf sie ihren Dienst wieder antraten.

Nach einiger Zeit nahmen sie sich Ferien und folgten Herzog Mummolus auf seinem Feldzug gegen die Langobarden, »wo sie kämpften, als seien sie gar nicht geistlichen Standes gewesen, und mit eigener Hand viele Feinde töteten«. Wieder heimgekehrt gerieten sie in Zwist mit einigen Bürgern, die sie mit Knütteln verprügelten, und ihr trunkener Übermut ging so weit, daß Sagittarius lästerliche Reden über den König führte und behauptete, dessen Kinder könnten, weil sie unechter Geburt seien, das Reich nicht erben – eine Behauptung, bemerkt Gregor, die große Unkenntnis verriet, da die Kinder eines Königs alle königlicher Geburt seien, ob sie nun in der Ehe geboren seien oder nicht.

Nun packte Guntchramn der Zorn; er ließ die beiden Bischöfe festnehmen, zog ihr Eigentum ein und sperrte sie in zwei weit voneinander gelegene Klöster, wo sie völlig abgeschlossen von der Außenwelt gehalten werden sollten. Aber nach einiger Zeit erkrankte ein Sohn König Guntchramns, und einige Hofleute wiesen darauf hin, daß man die beiden Bischöfe vielleicht zu Unrecht gestraft hätte und daß nun um dieser Sünde willen der Sohn des Königs mit Krankheit geschlagen sei.

»Laßt sie sofort frei«, befahl König Guntchramn, »und sagt ihnen, daß sie für meinen Sohn beten sollen.«

Eine Zeitlang waren nun Salonius und Sagittarius wahre Muster der Frömmigkeit: Jeden Tag lasen sie in den Psalmen Davids, und die Nächte verbrachten sie unter Absingen frommer Lieder; aber bald versagte ihnen die fromme Singstimme, und die alten Gewohnheiten nahmen überhand wie zuvor. Bald hatten sie sogar die Ordnung des Gottesdienstes vergessen. Erst bei Tagesgrauen standen sie vom Nachtmahl auf, zogen dann weiche Kleider an, und berauscht vom vielen Wein schliefen sie bis in den Tag hinein. Auch an Frauen, mit denen sie sich besudelten, fehlte es ihnen nicht. Sobald sie aufgestanden waren und gebadet hatten, setzten sie sich wieder zu Tisch und verweilten da bis zum Abend; und dann waren sie bald zum Nachtmahl bereit, das wiederum bis an den Morgen dauerte. So trieben sie es, »bis endlich der Zorn Gottes sie traf ...«

Auf einer Kirchenversammlung zu Chalons, wo sie der Völlerei, der Gottlosigkeit, mehrfachen Mordes, des Landesverrates und der Majestätsbeleidigung angeklagt worden waren, wurden sie zuletzt endgültig ihrer Bischofswürde verlustig erklärt und mußten nachher obdachlos im Lande umherirren. Von Salonius hört man nicht wieder; vielleicht war er endlich seines Treibens müde geworden oder er verschwand auf andere Weise dadurch, daß irgendein behendes Gemeindekind ihm, wie es sich gehörte, ordentlich heimzahlte; oder auch er irrte umher, bis er in fremde Länder kam und sich dort von neuem Bahn brach. Dagegen ist es uns vergönnt, dem Schicksal des Sagittarius bis zuletzt zu folgen. Er beteiligte sich mit großem Eifer an einem Aufruhr, den ein Thronprätendent namens Gundovald (der sich für einen Sohn Chlothachars ausgab) angestiftet hatte. Mit Helm und Brünne sah man Sagittarius auf den Mauern der Festung, in der Gundovald eingeschlossen war, umhergehen und Steine auf die Köpfe der Belagerer hinabwerfen. Als die Festung übergeben wurde und Gundovald und seine Hauptmithelfer festgenommen oder getötet worden waren, band sich Sagittarius ein Frauenkopftuch um und versuchte, unerkannt in den Wald zu entkommen; aber offenbar lief er zu nahe an einem neugierigen Mann mit gezogenem Schwert vorbei: Jener schlug schnell zu und hob dem Ex-Bischof sowohl Haupt wie Tuch von den Schultern.

Zu einer solchen Ausartung der Charaktere hat es in den Kreisen, die zu den friedfertigsten gehörten, kommen können. Viel schlimmer noch stand es aber bei den Weltlichen, und den Höhepunkt wilder Gesinnung erreichten höhere fränkische Beamte, allerlei Herzöge und Grafen, deren Bravaden große Teile der Frankenchronik füllen. Fast ausnahmslos sind diese Großen von der Art, daß sie für die Augen des Lesers sogar die Merowinger zu Gestalten verwandeln, die fast sympathisch und achtenswert scheinen. Denn einerseits sind ihre Verbrechen tierischer als die der Merowinger, andererseits verkörpern diese ihnen gegenüber den Arm der Gerechtigkeit, und so verschaffen auch die schlimmsten der Langhaarigen sowohl dem Gregorius wie auch dem späten Leser im Verlauf der Chronik die lebhafteste Befriedigung dadurch, daß sie jene eines bösen und zeitigen Todes sterben lassen. Die Mühlen der merowingischen Gerechtigkeit mahlen oft überaus langsam, wo es sich um diese Großen des Reiches handelt, oder richtiger gesagt, sie mahlen sehr lange überhaupt nicht, dieweil die königlichen Müller an anderes zu denken haben; wenn sie aber endlich aus irgendeinem Grunde mit einem Ruck in Gang gekommen sind, mahlen sie mit furchtbarer Gründlichkeit. Die vielen Herzöge und Grafen, die Gregorius mehr oder weniger ausführlich beschreibt: Rauching, Eberulf, Leudast, Beppolen, Guntchramn, Boso und eine Menge andere sitzen ringsum im Lande als königliche Statthalter in ihren Städten. Sie haben eine große Gefolgschaft, sie sind gleichgültig gegen alles göttliche und menschliche Recht, sind stets berauscht, stets gierig nach barer Münze, nach prunkenden Kleidern, Goldschmiedearbeiten und Frauen, sind stets erfüllt von barbarischer Launenhaftigkeit und zeigen beim geringsten Anlaß bestialische Gewaltsamkeit. Sie rauben, vergewaltigen, schlagen tot, dringen unter trunkenem Grölen in Kirchen ein, beschimpfen Bischöfe, mißhandeln Priester, plündern Witwen und Waisen und haben es in jeder Weise überaus angenehm. Niemand stört sie. Das Klagen verklingt ungehört; die Könige sind weit fort und unter sich mit hohen Familienangelegenheiten beschäftigt. Herzog Rauching läßt Leute, die ihm mißfallen haben, lebendig begraben, und in scherzender Tafellaune befiehlt er, brennende Kerzen an die Beine seiner Sklaven zu binden. Beppolen, der zum Herzog von Angers ernannt worden ist, beginnt seine Amtstätigkeit damit, daß er die ganze Gegend ausplündern läßt; er ist ein Mann, »der nie auf die Schlüssel gewartet hat, wenn er in ein Haus hinein wollte«; Leudast, ein Mann niederer Herkunft, der am Hof König Chariberts durch seine Beziehungen zu Unterröcken und zum Küchenpersonal hochgekommen ist und es schließlich zum Grafen von Tours gebracht hat, betreibt dort seine Geschäfte auf eine Art, die sogar den geduldigen Gregor ganz außer sich geraten läßt, so daß er ihn mit ungewöhnlicher Ausführlichkeit als ein Monstrum von reinstem Wasser porträtiert. Nie fällt es diesen rechtgläubigen Grafen oder Herzögen ein, einen solchen Tanz auf Rosen freiwillig abzubrechen; alle diese mit kulturellem Firnis Überzogenen sind trotz ihrer feineren Laster und ihres eventuell erworbenen gallo-romanischen Jargons immer noch in allem und jedem schlichte Barbaren der Eisenzeit, sowohl was ihre Taten als auch was die Grenze ihrer Schlauheit und ihrer Voraussicht betrifft. Sie leben in den Tag hinein, nutzen jede Situation als solche aus und machen sich weiter keine unnützen Sorgen. Indes in den meisten Fällen passiert ihnen zu guter Letzt etwas Unvermutetes, nämlich wenn sie mal auf irgend etwas verfallen sind, was vom Gewöhnlichen nicht merkbar absticht, was sie aber doch lieber hätten bleibenlassen sollen. Sie stehlen vielleicht etwas, was sie nicht hätten stehlen sollen; sie verwickeln sich in irgendeinen Verrat, der zufällig Aufmerksamkeit erregt; sie haben das Pech, jemanden zu ermorden, der mit einer Königin bekannt war; oder sie tun sich mit einem aufsässigen Prinzen zusammen oder schwatzen bei einem Trinkgelage unnützes Zeug. – Irgendwo nimmt eines schönen Tages ein König Kenntnis von diesen Dingen, er fängt an, sich für sie zu interessieren, und die Mühlsteine der merowingischen Gerechtigkeit kommen plötzlich in Gang.

Bei dieser Botschaft durchzuckt den betreffenden Grafen oder Herzog ein heftiger Schauer, und der Becher entfällt seiner Hand. Ein Arm voll Kostbarkeiten und Waffen wird zusammengerafft, Hausgesinde und Lieblingsfrauen werden mitgenommen und schreckgeschlagen flüchtet er zum nächsten kirchlichen Zufluchtsort, wo er sich nun demselben Bischof zu Füßen wirft, dem er noch jüngst den Bart gerauft hatte. Denn nun ist das Schicksal in leichtfüßigem Lauf hinter ihm her – der Zorn der Langhaarigen und die Bluthunde des Gerichts, und es gibt für ihn nur noch eins: eine berühmte Kirche, wie die des heiligen Martin von Tours, zu erreichen, eine Kirche, die ein dort begrabener, mächtiger Heiliger schützt. Das ist für ihn nun die Freistatt, an die seine letzte Hoffnung sich klammert. Hinfort ist er gezwungen, Tag und Nacht innerhalb der Kirchenmauern zu wohnen, zu essen und zu schlafen, und zwar am besten und sichersten auf dem Grabgewölbe des Heiligen selbst, nachdem dort zuvor Kranke und Bettler abgeräumt worden sind, um einem armen, beklommenen Herzog Platz zu machen. Denn draußen ist ihm der Tod gewiß, hier drinnen aber gibt es vielleicht noch eine Möglichkeit, das Leben zu retten. Denn der geweihte Raum um das Grab eines berühmten Heiligen hat sogar für gereizte Merowinger eine gewisse Bedeutung.

Wenn sich im allgemeinen sagen läßt, daß die Merowinger ohne alle religiöse und ethische Skrupel waren, so muß doch mit Hinsicht auf diese Freistätten eine Ausnahme gemacht werden. Denn sie stellten ein geistliches Element dar, das die Langhaarigen in gewissem Maße anerkannten, ein Hindernis, das ihnen mitunter allerhand Schwierigkeiten bereitete. Sie scheuten sich, am Grabe eines großen Heiligen ohne weiteres Totschlag zu verüben, und theoretisch betrachtet war ein Missetäter in Sicherheit, sobald er eine solche Freistatt erreicht hatte. Aber die Merowinger hielten dafür, daß Schwierigkeiten dazu da sind, um überwunden zu werden, und ließen den Mut nicht sinken. Vielmehr kämpften sie ernstlich mit diesem Problem, und es glückte ihnen, mehrere verschiedenartige Verfahren ausfindig zu machen, die sie selber zufriedenstellten und die, ihrer Ansicht nach, einigermaßen weitsichtige Heilige nicht allzusehr zu erzürnen brauchten.

Einige der genannten großen Herren erreichten solche Freistätten nie, und dann gestaltete sich die Prozedur einfacher. Doch mit Leudast (der dem armen Gregor ein Pfahl im Fleisch war), hatte Königin Fredegunde selbst etwas ins reine zu bringen. Trotz seiner großen Erfahrung in Bosheiten aller Art war er doch ein sehr einfältiger Mensch, und so kam es, daß er sich nach Paris locken ließ. Dort wurde die Königin seiner habhaft, worauf er einen komplizierten Tod erleiden mußte, wie Gregor mit warmer Dankbarkeit berichtet.

Herzog Rauching, der Mann, der Lebende zu begraben pflegte, zog sich durch einen weitverzweigten, von Fredegunde unterstützten Mordplan gegen Childebert den Jungen die Aufmerksamkeit dieses Königs zu und wurde von ihm aufgefordert, sich im Palast zu Metz einzufinden. In einem inneren Zimmer des ersten Stockwerks fand zwischen beiden ein Gespräch unter vier Augen statt, über das leider nichts Näheres bekannt ist. Als es zu Ende war, wollte Rauching sich entfernen. Aber hinter der Saaltür waren rechts und links schon vorher bestellte Leute postiert. Über die Schultern des Hervortretenden hinweg blickten sie fragend auf den König. Dieser nickte –

ein Speerschaft fuhr dem Herzog spielerisch zwischen die Beine und kippte ihn vornüber; ein Schwertstreich traf ihn in den Nacken, und dann wurde der Leichnam zum Fenster hinausgeworfen und fiel mitten unter das im Hof wartende Gefolge, das in seiner Verwunderung über den Vorgang mit Leichtigkeit unschädlich gemacht werden konnte.

So ging es zu in vereinzelten, besonders günstigen Fällen; das Fertigwerden mit Leuten, die bereits eine Freistatt erreicht hatten, erforderte einen größeren Apparat.

Die Herzöge Berthefred und Ursio, die an der gleichen Verschwörung beteiligt gewesen waren wie Rauching, verschanzten sich nach dessen Tode in einer Dorfkirche, wo sie von den Mannen Childeberts belagert wurden. Es war eine Kirche von nur geringer Bedeutung; wahrscheinlich gab es dort kein Heiligengrab. Sie wurde in Brand gesteckt; Ursio kam aus dem Feuer hervor; er kämpfte lange tapfer und wurde zuletzt niedergemacht. Unterdessen war es Berthefred geglückt, unbemerkt zu entfliehen und zur Kirche des Bischofs Agerik in Verdun zu gelangen, die ein großes Ansehen genoß. Hier wurde er eingekreist. Da dem König an einer schnellen Erledigung der Sache gelegen war, wurden Leute auf das Dach geschickt, die dort Balken und Steine losrissen und sie in das Innere der Kirche hinabfallen ließen, bis der Mann drunten zerschmettert war. Bischof Agerik mochte nun nach Herzenslust klagen – Childebert war durchaus imstande, sich mit guten Argumenten zu verteidigen. Denn gewiß war es ja doch keine Sünde, auf dem Dach einer Kirche spazierenzugehen und dabei dieses oder jenes im Gebälk zu verrücken; und wenn dabei mancherlei hinabfiel, war das nur natürlich. Lief währenddessen jemand in der Kirche umher und wurde getroffen, so hatte er diesen unglücklichen Zufall nur sich selbst zuzuschreiben. Ein Heiliger, auch wenn er es noch so genau nahm, durfte sich deswegen nicht gekränkt fühlen, und das um so weniger, wenn noch obendrein eine gute Handvoll Münzen zur Ausbesserung des Daches geschenkt wurde.

Ein anderes Mal entbrannte der gute König Guntchramn in Zorn über Herzog Eberulf, und er schwor, ihn und alle seine Verwandten bis ins neunte Glied auszurotten, weil er ihn im Verdacht hatte, an der Ermordung seines Bruders, König Chilperichs, beteiligt gewesen zu sein. König Guntchramn hielt sehr auf seine Sippe, und er wollte, sagt Gregorius, »die Leute von der bösen Gewohnheit abbringen, Könige hinzumorden«, was seiner Ansicht nach eine ganz interne Angelegenheit der Merowinger gewesen sein mag.

Vielleicht war Eberulf in diesem Fall unschuldig, ein Umstand, der sein Sündenregister nicht wesentlich verändert hätte. Er floh sogleich mit seiner Gefolgschaft zur Kirche des heiligen Martin, wo er nun längere Zeit weilte und dem Gregorius schwere Sorgen bereitete. Denn sobald er am Grabe des Heiligen heimisch geworden war, fing er an, dort Trinkgelage mit seinen Leuten zu veranstalten, was die gottesdienstlichen Handlungen merkbar störte. Obendrein zog er Weibsvolk zu gottlosem Zeitvertreib in die Kirche. Hin- und hergerissen von seinem Eifer für die Unkränkbarkeit des Heiligtums und seinem lebhaften Trachten, den unruhestiftenden Eberulf loszuwerden, hatte Gregorius ängstliche Zeiten durchzumachen, besonders, seit Eberulf eines Tages gelobt hatte, zunächst ihn, Gregorius, und dazu so viele seiner Priester, als er nur erwischen könnte, zu erschlagen, wenn die Mannschaft des Königs in die Kirche eindringen sollte, um ihn fortzuführen. »Denn«, erklärte Eberulf, der zweifelsohne Vollblutgermane war, »ich halte es für keine Schmach, den Tod zu erleiden, wenn es mir nur vorher gelungen ist, mich am Heiligen und seinen Dienern zu rächen.«

Guntchramn beauftragte nun einen Mann namens Claudius, der trotz seines Namens ebenfalls ein geborener Franke gewesen zu sein scheint, den Eberulf mit List fortführen oder erschlagen zu lassen, ohne jedoch sich am Frieden des Heiligen zu versündigen. Claudius erschien mit großem Gefolge vor der Kirche, schwor Eberulf Treue und Brüderschaft und war bald dabei, mit ihm zu pokulieren. Eines Nachts, als Eberulf alle seine Leute in die Stadt geschickt hatte, um mehr Wein aufzutreiben, streiften die beiden neugebackenen Freunde vertraulich im Vorraum der Kirche umher, wo Eberulf plötzlich auf ein gegebenes Zeichen von einem starken Mann von hinten ergriffen und »mit ausgespannter Brust« festgehalten wurde. Claudius erhob nun, während er zugleich sein Schwert zog, die Hand gegen den Heiligen und bat ihn, ein Nachsehen zu haben, worauf er Eberulf durchbohrte, dabei aber selbst von diesem einen Messerstich in die Seite erhielt. Nun artete das Ganze zu einer Art von rückhaltlos durchgeführter Schreckromantik aus, und es kam zu einem Auftritt, wie ihn das verehrte Heiligtum des heiligen Martin höchstens einige Jahrhunderte später wieder erlebt hat, als die Söhne des Wikingers Ragnar Lodbrok nach Tours kamen. Schwerverwundet wurde Claudius von seinen Mannen durch die Kirche in die »Abtei« geschleppt (offenbar ein größerer Anbau der Kirche), wo ein Abt und eine Anzahl Priester schliefen. Gerade als sie die Tür hinter sich geschlossen hatten, kehrten Eberulfs Leute zurück. Beim Anblick ihres getöteten Herrn setzten sie schleunigst den herbeigeholten Wein nieder und liefen, allerdings vergebens, gegen die verschlossene Tür Sturm. Sie zerschlugen die Fenster, schleuderten Wurfspieße in die Abtei und nagelten auf diese Weise Claudius an einer Wand fest. Schlaftrunkene Priester sprangen währenddessen zwischen Betten und schwirrenden Speeren umher; einigen von ihnen gelang es, ihren Abt hinauszuschleppen; durch die nun offene Tür drang das Gefolge des Eberulf ein, und ein allgemeines Handgemenge folgte. Gleichzeitig versuchten Almosenempfänger der Kirche und andere arme Leute, empört über die begangene Gewalttat, das Dach der Abtei abzureißen, und einige Bettler, nebst anderen, die an Besessenheit litten, stürzten mit Knütteln und Steinen herbei, ergrimmt, daß hier Dinge vor sich gegangen waren, die vorher an diesem Ort »nie auch nur versucht worden waren«. Alle Leute des Claudius wurden erschlagen »wie sich das gehörte«, sagt Gregorius, da sie die ersten gewesen waren, die zur Entheiligung der Freistatt beigetragen hatten; die Toten wurden von den Leuten Eberulfs geplündert; sie zogen ihnen die Kleider ab und entflohen mit ihrer Beute in die Nacht. Wie es mit den tapferen Bettlern und ihren besessenen Freunden wurde, erwähnt Gregorius nicht; er selbst war glücklicherweise verreist und entging daher allem Schaden.

König Guntchramn war zu Anfang über das Geschehene aufs höchste bestürzt; aber als er den Zusammenhang erfuhr, beruhigte er sich und enthielt sich weiterer Maßnahmen. Die Hauptsache, selbst für einen Mann von so frommer Gesinnung wie Guntchramn, war ja doch, daß Eberulf das Seine empfangen hatte und daß damit die »böse Gewohnheit, Könige hinzumorden« als schadenbringend gekennzeichnet worden war. Allerdings war in diesem Fall die pädagogische Demonstration des Königs ein wenig heftiger ausgefallen, als er es sich eigentlich gedacht hatte.

König Guntchramn steht für das Idyll in Gregors literarischem, sonst recht wenig idyllischem Werk; sein Charakter und seine ganze Erscheinung erinnert in mehr als einer Weise an den patriarchalischen Monarchen der Volkssage. Zu der Zeit, da Gregorius am meisten von ihm zu berichten hat, ist er schon zu Jahren gekommen, ein seltenes Phänomen in seinem Geschlecht, dessen männliche Vertreter eine durchschnittliche Lebenslänge von fünfundzwanzig bis dreißig Jahren hatten. Das gibt ihm das Ansehen des Würdigen und Weisen; er besitzt die Vorsorglichkeit des Alten und Bedächtigen, was sein Geschlecht und dessen Fortbestehen betrifft; er ist der gute alte Familienonkel, der verständige Vormund, der Aufseher über junge

Neffen und deren schwer lenkbare Mamas. Er ist bequem und meist auch gutmütig, ist froh und gesprächig bei Tisch; er hat Sinn für Religion (wenn nicht gerade etwas Besonderes eintrifft) und ist gut Freund mit seinen Bischöfen. Das Volk sieht mit Ehrfurcht und Hingebung zu ihm auf; im Unterschied zu allen anderen ist er der gute König, ja, er ist sogar ein bißchen heilig und übernatürlich, so wie ein wirklicher König das sein soll. Einst, da er in Marseille umherwandert, zupft eine Frau ein paar Fransen aus seinem Mantel, um sie abzukochen und mit dem so gewonnenen Mittel ihren Sohn vom kalten Fieber zu heilen.

Guntchramn ist aber auch eigensinnig, ist sehr besorgt um seine Würde und sehr nachtragend. Einmal sind die Westgoten in Spanien unachtsam mit einer merowingischen Prinzessin umgegangen – es war Ingunde, die mit König Hermenchild vermählt war. Nach Guntchramns Ansicht hatten sie den Tod seiner armen Nichte dadurch direkt verschuldet, daß sie diese nach Konstantinopel geschickt hatten. Noch in hohem Alter hört er nicht auf, jedes Jahr Heere gegen die Westgoten auszusenden, um Vergeltung zu üben, während in der Wirrnis der Zeiten alle anderen Leute das Ganze schon längst vergessen haben.

Guntchramn ist leicht gereizt, und die Ausbrüche seiner Raserei sind in Wahrheit königlich. Wenn er aufbraust, handelt er ganz so wie der König der Volkssage und ohne irgendwelche mildernden Vorgefühle davon, daß er dereinst im Heiligenkalender als der heilige Guntchramn figurieren wird.

Auf der Jagd in den Vogesen stößt er einmal auf untrügliche Anzeichen, daß in seinem eigenen Walde ein Auerochse getötet worden ist. Angesichts eines so schmerzlichen Verlustes wird er zornwütig – denn Auerochsen fangen an, selten zu werden und sind für Guntchramn ein Gegenstand eifriger Fürsorge. – Nach einem ergebnislosen Verhör befiehlt er, daß der Waldhüter und ein Kammerherr namens Chundo (offenbar ein Oberhofjägermeister) auf der Stelle ein Gottesgericht mit Speer und Kurzschwert auskämpfen sollen, damit man sähe, wo die Schuld liege. Der Kammerherr schützt Alter und Mangel an Übung vor, und es wird ihm erlaubt, einen Neffen für sich einspringen zu lassen; der Waldhüter und der Neffe kämpfen tapfer vor den Augen des Königs und töten einander. Es zeigt sich also, daß beide Teile schuldig sind, und der Kammerherr ergreift die Flucht in Richtung auf die nahgelegene Kirche des heiligen Marcellus. Indes der König brüllt laut, daß man ihn greifen solle, noch bevor er die Schwelle erreicht hätte. Das glückt; der Kammerherr wird an einen Pfahl gebunden und zu Tode gesteinigt, und somit ist der Tod des Auerochsen gerächt. »Aber später bereute der König bitter, daß er sich einer so geringen Sache wegen um einen guten Diener gebracht hätte, den zu entbehren ihm nicht leichtfiel.«

Der Vorzug, im Bett zu sterben, ist in der Frankenchronik nichts sehr Gewöhnliches, ausgenommen für die Diener des Geistes; er ist hier kaum gewöhnlicher als in einem anderen großen Werk verwandter Art: In Sturla Thordsons Sturlunga Saga, wo ebenfalls ein Augenzeuge den Verfall eines heroischen Zeitalters schildert, die Auflösung aller Dinge in Gewaltsamkeit und Dunkel – obschon bei Gregorius der Faden doppelt gedreht ist und in seiner Darstellung eine doppelte Auflösung vor sich geht: Sie vollzieht sich einerseits am heroischen Zeitalter der Franken, andererseits an den Resten der römischen Kultur. In beiden Fällen kommt nun die absolute Finsternis – das siebente, das schwärzeste Jahrhundert Europas. Auf Sturla folgt der Zusammenbruch des freien Staates und das Ende der isländischen Literatur. Und die gleichen Eruptionen von Blut, Brand und Bosheit geben die vorherrschende Färbung dem, was sowohl hier wie dort tatsächlich nichts anderes ist als, wie Macbeth sagt:

– – Erzählung bloß
Von Lärm und Raserei, die nichts besagen.

Indes darf man vielleicht die Behauptung wagen, daß die Merowinger sich im Durchschnitt um Haaresbreite sympathischer zeigen als die Sturlungahäuptlinge, obschon diese von einem Schriftsteller gezeichnet werden, der an Intelligenz und Darstellungskunst den Gregorius weit überragt. So ist es bei den Merowingern nicht Brauch, Gegnern, denen sie das Leben schenken wollen, die Füße abzuhauen, etwas, wovon Sturla zu berichten weiß. Wenn andererseits bei ihnen Tortur vorkommt, womit Sturlas Häuptlinge sich nicht zu befassen pflegen, so ist wohl zu merken, daß es ausschließlich die Königinnen-Mütter sind. Brunhilde und vor allem Fredegunde bedienen sich ihrer, sowohl an den gegeneinander ausgesandten Heiducken, wenn es gilt, die körperliche Schwäche der Frau in normalen Auseinandersetzungen mit unbequemen großen Herren auszugleichen, als auch, in Fredegundes Fall, wenn das Wildtierweibchen eines seiner jungen Nachkommen verloren hat und nun Arztpersonal, verdächtigte Hexenmeister, Hofbeamte und andere mehr zum Totenopfer werden läßt. Es ist das gewissermaßen das erste Mittel, das blinde Wildheit anwendet, um den Kummer zu lindern. Die langhaarigen Könige geben sich in der Regel nicht mit dergleichen ab: Sie töten, und damit gut. Wenn es mal vorkommt, daß der gute König Guntchramn an einem Wintermorgen, auf dem Gang zur Messe, eine unbekannte, riesenhafte Strauchrittergestalt schnarchend in einem halbdunklen Winkel der Kirche ganz nahe dem königlichen Sitz entdeckt, und wenn dazu noch ein Speer mit breitem Blatt an der Wand lehnt, so ist es begreiflich, daß er den grobknochigen Schnarcher eine Weile mit Strick und Windspiel behandeln läßt, um über das, was dahinter steckt, Klarheit zu gewinnen und herauszubringen, ob es sich hier um einen einfachen, auf eigene Faust unternommenen Mordversuch handelt oder um einen neuen Einfall der unruhigen Schwägerin Fredegunde. Denn der Unmut, den sie gegen König Guntchramn hegt, ist kein Geheimnis, und ihre Methoden sind wohlbekannt. Und wirklich erweist sich denn auch diese Vermutung als wohlbegründet.

Das Bild Guntchramns als das eines wohlwollenden und leutseligen Sagenkönigs wird durch diese Begebenheit nicht beeinträchtigt. Dank dem Glück, das er hat, und dank seinem guten Blick für eingeschlummerte Straßenräuber und dergleichen gelingt es ihm, das Entstehen der Frankenchronik zu überleben, und es stimmt trostreich, daß er einer der wenigen jener Zeit wurde, die, satt an Tagen, ihr Leben im Bett beschließen durften. Das steht auch ganz im Einklang mit seiner Natur und seinem Stil.

Die Chronik schließt mit dem Jahr 591; ein wenig später starb Guntchramn, und ihm folgte Bischof Gregor bald nach, der, ermüdet von allen Anstrengungen, die Geschehnisse der letzten drei Jahre seines Lebens nicht mehr zu schildern vermocht hat. Fredegunde überlebte beide; daher gibt es bei Gregor leider keine zusammenfassenden Schlußbetrachtungen über sie, wie er sie ihrem Gemahl Chilperich anläßlich seines Todes gewidmet hat. Ein guter Freund des Gregor, Venantius Fortunatus, ordentlicher Hofdichter in mündlich-klassischem Stil bei den Merowingern seiner Zeit, hat ihr Lob gesungen und hat vor allem ihre Tugend gepriesen – zweifelsohne das Klügste, was ein Dichter tun konnte, der auf eine Handvoll Gold hoffte und sein Opus unter ihren Augen herzusagen hatte. Es ist nicht glaubhaft, daß Gregor bei allem Respekt, den er für die Ansichten seines gelehrten Dichterfreundes hegte, sich zu dergleichen hätte verleiten lassen. In den Forderungen an seine Mitmenschen war er gewiß kein Pedant, vorausgesetzt, daß sie sich vom Arianertum frei hielten; wie er Chilperich »den Nero und den Herodes seiner Zeit« nennt, so bezeichnet er einmal Fredegunde als »Gottes und aller Menschen Feind«; zusammenfassend hätte er wahrscheinlich mit Selbstverständlichkeit die Hölle als ihren zukünftigen Aufenthaltsort genannt.

Die große Fehde zwischen Fredegunde und Brunhilde – eine der wirklich gigantischen Fehden der Geschichte mit streng persönlichem Gepräge – nahm ihren Anfang um das Jahr 650 und hatte ihren Ursprung in König Chilperichs Schlafzimmer, wo ständig eine merkbare Desorganisation herrschte. Chilperich war anfänglich mit einer uns nicht näher bekannten Königin namens Audofleda verheiratet. Als diese Königin es glücklich bis zu drei Söhnen gebracht hatte, fand eine ihrer jungen Mägde, Fredegunde (und vermutlich auch Chilperich selbst), daß sie nun lange genug Königin gewesen sei. Fredegunde verlockte jenes einfältige Frauenzimmer dazu, die Tochter, die sie dem Könige geboren hatte, während er auf einem Feldzuge abwesend war, selbst aus der Taufe zu heben. Damit wurde ihre Ehe mit Chilperich nach den Kirchengesetzen jener Zeit zur Blutschande. Audofleda konnte nun unter völlig korrekten Formen verstoßen und in ein Kloster gesperrt werden (wo ihre allzeit umsichtige Magd sie später ermorden ließ), und Fredegunde wurde zur offiziellen Teilhaberin des königlichen Bettes befördert.

Soweit war alles gut und schön; aber plötzlich trübte sich Jung-Fredegundes Idyll sehr ernstlich durch ein Unternehmen Sigiberts, des Königs von Austrasien, der ein Bruder Chilperichs war.

Sigibert war es überdrüssig geworden, den bei der merowingischen Brüderschar allgemein üblichen Brauch, Mägde zu Königinnen zu erheben, länger mitzumachen. Er hatte Boten nach Spanien geschickt und sich eine Gemahlin von königlichem Blut holen lassen: Brunhilde, die jüngere Tochter des Westgotenkönigs Athanagild.

Diese stolze Heirat versetzte Chilperich in große Unruhe. Er war der jüngste der Brüder, hatte aber eine sehr hohe Meinung von sich selbst und wollte sich den anderen in allen Stücken überlegen zeigen. Er fing an, Fredegunde gedankenvoll zu betrachten.

Eines schönen Tages schickte er nach Spanien nach der

Prinzessin Galsuintha, der älteren Schwester Brunhildes; fünf schöne Städte gab er als Morgengabe und konnte sich nun seinem Bruder Sigibert mindestens gleichwertig achten. Fredegunde mußte sich wieder mit einem Platz im Hintergrunde begnügen und knirschte mit den Zähnen, um so mehr, als der König eine Zeitlang wirklichen Gefallen an seiner neuen Gemahlin zu finden schien, »denn sie hatte große Schätze mitgebracht«. Aber nach kurzer Zeit lag Galsuintha eines Morgens tot in ihrem Bett, und Fredegunde nahm wieder ihre frühere Stellung ein. Ebensowenig wie Gregorius zweifelte Brunhilde daran, daß Fredegunde die Königin ermordet hatte; die einzige Möglichkeit, das überhaupt in Zweifel zu ziehen, liegt in der Vermutung, Chilperich selbst hätte die Sache besorgt. Da aber Fredegunde stets die geschwindere von beiden war, darf die Tat ohne langes Zögern auf ihr Konto geschrieben werden.

Damit hatte Brunhilde Grund zur Blutrache an Fredegunde, und diese ihrerseits bebte vor Haß gegen die vornehme westgotische Frau, die schon durch ihre Existenz Schande und Erniedrigung für sie bedeutete. Die große Fehde, die sich über drei Generationen austrasischer Könige erstrecken sollte, war nun allen Ernstes in Gang gekommen.

Aufgehetzt von ihren Gemahlinnen begannen beide Könige sofort einen Krieg – und bei dem, was sich schon von Natur bei ihnen vorfand, war viel Hetzen nicht nötig gewesen. Sigibert wurde bald durch allerlei Zwischenspiele und irritierende Anschläge Chilperichs so aufgebracht, daß er beschloß, sich auf gut fränkisch mit seinem Bruder auseinanderzusetzen. Er ließ zu diesem Zweck Männer von den heidnischen Stämmen östlich des Rheins zu einem Einfall in Chilperichs Reich herüberkommen. Einem solchen Vorgehen konnte nichts standhalten. Sigibert drang vor bis nach Soissons, wo er allerseits Huldigungen entgegennahm und an Stelle des davongelaufenen Bruders sich auf den Schild heben ließ.

»Ihrer reichen Erfahrung sich erinnernd«, sagt Gregorius, griff da Fredegunde ein in der Art, auf die sie sich so gut verstand. Zwei unbekannte Männer näherten sich Sigibert, während er auf dem Schild umhergetragen wurde, und als er sich zu ihnen hinabbeugte, um ihr Anliegen zu hören, stießen beide ihm ihre Schwerter durch den Leib, so daß er gleich tot zusammensank.

Da saß nun Brunhilde plötzlich als Witwe da. Sie hatte jetzt noch einen zweiten Mord zu rächen, abgesehen davon, daß sie für einen Fünfjährigen haushalten mußte, und das in einer höchst unruhigen Welt. Indes war sie von ungefähr ebenso hartem Holz wie Fredegunde, und es glückte ihr, das Reich ihrem Sohn zu erhalten, trotz der Schwierigkeiten mit widerspenstigen Großen und trotz aller gewaltsamen Schikanen von seiten Chilperichs und Fredegundes, die nun, nach der glücklich erfolgten Ermordung Sigiberts, in großem Stil ihre Herrschaft ausübten.

Zu Anfang hatte sie es schwer. Sie mußte aus ihrem Lande fliehen, gelangte endlich nach Rouen und ging dort – vermutlich aus Verzweiflung – eine seltsame Ehe mit Chilperichs erwachsenem Sohn Merovech ein, der sich ständig auf der Flucht vor seiner Stiefmutter befand. Durch diesen Schritt verwirrten sich ihre Angelegenheiten noch mehr. Die Neuvermählten mußten nach verschiedenen Richtungen fliehen. Bischof Praetextatus, der sie getraut hatte, wurde schließlich auf Fredegundes Befehl vor dem Altar niedergestochen. Merovech hielt sich eine Zeitlang an verschiedenen heiligen Orten auf, und um nicht in die Hände seiner Stiefmutter zu fallen, beging er zuletzt Selbstmord. Brunhilde aber gelang es, wieder in ihr Land zurückzukehren und die Vormundschaft für ihren Sohn zu übernehmen.

Ein Trost im Unglück war ihr, daß Fredegunde ständig Familiensorgen hatte. Es stand dieser gewiß frei, ihre Stiefsöhne einen nach dem anderen nach Gefallen in den Tod zu jagen, aber zugleich mußte sie erleben, daß ihre eigenen Söhne der Reihe nach in zartem Alter starben, darunter auch der, dem sie – entgegen aller merowingischen Familientradition und in offenbarer Verzweiflung – den hoffnungsvoll-kraftbetonenden Namen Samson gegeben hatte.

König Chilperich, der für seine Nachkommen wenig Interesse gehabt zu haben scheint, gab Fredegunde in dieser Hinsicht freie Hand, und wenn nicht gerade ein größerer Schurkenstreich seine Mitwirkung verlangte, lebte er seinen, für einen merowingischen Monarchen sehr weitläufigen, theologischen und künstlerischen Liebhabereien. Wie schon erwähnt, brachte er Vorschläge zu einem neuen Dreieinigkeitsbegriff vor (die so originell waren, daß das Haar rings um die Tonsur des frommen Gregorius sich sträubte), aber beim Versuch, diesen Begriff in die Dogmatik einzuführen, stieß er auf die schlimmsten Hindernisse. Er schrieb auch eine Sammlung von Gedichten, die seiner Auffassung nach in klassischem Latein verfaßt waren. »Aber«, sagt Gregorius mit Befriedigung, »da er lange und kurze Silben nicht unterscheiden konnte, hinkten alle seine Verse.«

Während er also auf dem Gebiet freier Verskunst nur unbewußt bahnbrechend war, wirkte er dagegen mit vollem Bewußtsein als Reformator des Buchstabierens. In Übereinstimmung mit dem noch immer lebenskräftigen pädagogisch-fortschrittlichen Tiefsinn unserer Tage erfand er – wie seinerzeit der gelehrte Kaiser Claudius – drei neue Schriftzeichen, die die Wiedergabe gewisser, häufig zusammen vorkommender Buchstaben vereinfachen sollten, und er schickte den Befehl aus, daß in seinem ganzen Reich die Bibliotheken durchzusehen und die Bücher mit Bimsstein zu überarbeiten seien, damit die königlichen Schriftzeichen unverzüglich angebracht werden könnten. Aus irgendeinem Grunde scheint es zur Ausführung dieses Befehls nie gekommen zu sein; ein Versäumnis, das der armen Menschheit offenbar keinen merklichen Nachteil gebracht hat.

Chilperich war ohne Zweifel begabt und talentvoll und mit einem besseren Kopf ausgerüstet als seine merowingischen Zeitgenossen, die übrigens auch keine Dummköpfe waren. Ein Amateur auf literarischem Gebiet war, auch wenn er hinkende Versfüße zustande bringt, unter den älteren Merowingern eine äußerst merkwürdige Erscheinung. Er besaß eine gewisse stilsichere Überlegenheit, die an Caligula erinnert und den Leser mitunter all seine bodenlose Schurkenhaftigkeit vergessen läßt, weil er lachen muß. Einst ließen Guntchramn und Childebert der Junge (Brunhildes Sohn, der nun bald erwachsen war) ihm sagen, daß sie, die sich bisher zu Chilperichs Erbauung fleißig in den Haaren gelegen hatten, nun gegen ihn verbündet seien. Sie ermahnten ihn, alle geraubten Gebiete herauszugeben oder auf Krieg gefaßt zu sein; in welchem Fall sie (wahrscheinlich einer alten ehrenwerten fränkischen Sitte entsprechend) ihn bäten, das Schlachtfeld zu bestimmen. »Aber Chilperich«, sagt Gregor, »hörte mit Verachtung zu und widmete sich seinen Zirkusbauten in Soissons und Paris, wo er für das Volk Schauspiele geben ließ.«

Man muß zugeben, daß diese ausdrucksvolle Geste ihm sehr gut gelungen ist.

Endlich jedoch kam im Jahre 584 der Tag heran, da nach der täglichen Jagd, bei Chelles, das Schwert eines Unbekannten dem Chilperich durch den Leib fuhr, so daß er zu Boden stürzte und seine, selbst für einen Merowinger ungewöhnlich schwarze Seele aushauchte.

Wer den Mord veranlaßt hat, ist nie klargelegt worden. Viel spricht für die Annahme, daß Brunhilde hier endlich Gelegenheit gefunden hatte, Fredegunde Gleiches mit Gleichem zu vergelten; denn Sigibert war unter sehr ähnlichen Umständen erstochen worden. Zudem war Brunhildes Sohn nun mündig und schon halbwegs von Guntchramn adoptiert, der selber keine Söhne hatte. Chilperich war im Augenblick ohne männliche Nachkommen, und wenn er, bevor er neue bekam, aus dem Wege geräumt wurde, so wäre Childebert der nächste Erbe auch seines Reiches gewesen und hätte unter seinem Zepter alles fränkische Land vereinigt. Allerdings war Fredegunde leider wieder schwanger, aber man konnte auf ein Mädchen hoffen oder erwarten, daß das Kind, wenn es ein Sohn war, sterben würde wie die anderen. Brunhilde hatte also allen Grund, Chilperich aus dem Wege zu schaffen, aber andererseits fehlen die Anzeichen dafür, daß die wohlerzogene Westgotin damals schon hinreichend verwildert war, um sich mit Meuchelmord abzugeben. Die Mitwelt scheint jedenfalls sehr im unklaren darüber gewesen zu sein, wer hinter der Tat stand.

Laut einem allgemeinen Gerücht, das die ›Gesta Francorum‹ bewahrt haben, ist es jedoch Fredegunde selbst gewesen, die auch diesen Mord fertiggebracht hat. Nach dieser Version hätte Fredegunde eine Liebschaft mit ihrem Majordomus Landerik gehabt, und der in diesen wie in anderen Dingen leicht gekränkte Chilperich sei unvermutet dahinter gekommen. Eines Tages, so heißt es dort, kehrte er nämlich unerwartet früh von der Jagd zurück und betrat das Zimmer der Königin. Fredegunde lehnte gerade zum Fenster hinaus. Ohne etwas zu sagen, gab Chilperich ihr einen freundschaftlichen Klaps auf den Körperteil, der ihm am nächsten zur Hand war, worauf Fredegunde im Glauben, es sei Landerik, einige verräterische Worte äußerte. Der König zog sich sogleich gedankenvoll zurück, und erst, als er die Tür schloß, wurde Fredegunde gewahr, wer ihr den Klaps verabfolgt hatte. Ihr war sofort klar, daß es nun ihr oder sein Leben galt, und mit gewohnter Entschlossenheit zog sie die Folgen.

Man scheint allgemein Landerik für den Vater des Sohnes gehalten zu haben, den sie bald darauf gebar, wenn sie auch große Anstrengungen machte, um seine einwandfreie Geburt festzustellen. Erst als sie Guntchramn zu einer sehr zögernden Anerkennung dieses Knaben gebracht hatte, konnte dieses ihr lebenskräftigstes Produkt offiziell als Chilperichs Sohn gelten: eine Stellung, die er sich bewahrte, trotz Brunhildes unablässiger, bitterer Vorbehalte, die sie oft mit bewaffneter Hand unterstrich.

Nach Chilperichs Ermordung hatte Fredegunde es zuerst ebenso schwer wie Brunhilde nach Sigiberts Tod. Sie wurde in einige wenige Städte im Nordwesten zurückgedrängt; als Stellvertreter ihres angezweifelten Sohnes legte Guntchramn sich nun den größten Teil ihres Landes zu.

An ihn wandte sich Childebert und verlangte die Auslieferung Fredegundes, denn er habe den Tod fünf naher Verwandter an ihr zu rächen. Fredegundes Leben hing an einem Haar, aber sie war der Lage gewachsen. Für sie, die ehemalige Magd, die Witwe mit einem mehr als angezweifelten Knaben, der die einzige Stütze ihrer Ansprüche auf königliche Rechte war, ließ sich eine begeisterte Loyalität bei den Großen des Reiches nicht erwarten. Dennoch reichte die merkwürdige Zauberkraft ihrer Persönlichkeit hin, um in den meisten, mit denen sie in Berührung kam, Treue und Hingabe zu wecken; die Widerspenstigkeit einer Minderheit wußte sie mit Axt und Schwert stets rasch zu dämpfen.

Zu jener Zeit muß sie ungefähr vierzig Jahre gewesen sein; für eine Frau – auch in unseren Tagen – ein ziemlich reifes Alter. Die Spuren eines anstrengenden Lebens, primitiver Verhältnisse, zahlreicher Kindbetten und der Schlägereien mit ihrer kräftigen Tochter Rigunth und anderes mehr, müssen damals schon merklich hervorgetreten sein: Ein zahnloses, verfallenes, schlampiges, altes Weib, keifend und böse, mit einem Gesicht, das zu einer boshaften Maske versteinert war – so sollte man sie sich denken dürfen. Dem Nero seiner Zeit alle Ehre: Aber Schönheitsbäder in erfrischender Eselsmilch, wie sie der wirkliche Nero der Kaiserin Poppaea zur Verfügung stellte, hat Chilperich seiner Gemahlin schwerlich geboten. Was ihre Schönheitsapotheke an Hilfsmitteln auch sonst enthalten haben mag, ihre Anziehungskraft und Macht über Männer muß zu jener Zeit den Höhepunkt schon überschritten haben.

Aber keine Anzeichen deuten darauf hin, daß dem so war. Eine allbezwingende, physische Eigenschaft, die man sich am leichtesten als ungewöhnliche Schönheit vorstellt, muß ihr in unvermindertem Maße geblieben sein. Denn die Angst vor ihrer Grausamkeit war nicht größer als die Bereitschaft der Männer, sich vor der Macht ihres Wesens zu beugen. Viele, die mit ihren Geschäften betraut waren, gingen ohne zu zögern einem fast sicheren Tode entgegen, nachdem sie sie »angefeuert und gestärkt hatte«, wie Gregorius bei einer Gelegenheit sagt, und selbst der alte König Guntchramn konnte sich, wenn ihre gewinnende Nähe auf ihn eingewirkt hatte, nicht dazu bringen, im Ernst schlecht von ihr zu denken. Er weigerte sich hartnäckig, den Forderungen Childeberts und Brunhildes nachzugeben, die auf endliche Bestrafung aller ihrer Übeltaten drangen, doch später hat er Gregorius gegenüber eingestanden, daß er sich in ihrem Charakter geirrt hätte. Denn nur so lange, als sie seinen Beistand nötig hatte, zeigte sie sich verführerisch, rührte sie ihn als eine arme, strebsame und mißverstandene Frau; später, als ihre Stellung sich gefestigt, aber Guntchramn sein Reich endgültig dem Sohn Brunhildes vererbt hatte, änderte sie ihre Haltung und fing an, Meuchelmörder gegen ihn auszusenden. Von ihr hätte der gute König Guntchramn dasselbe sagen können wie Antonius von Kleopatra in Shakespeares Drama (wenn auch gewiß mit recht anderem Tonfall und nicht in gleichem Sinne):

Age cannot wither her, nor custom stale
Her infinite variety.

Dem König Guntchramn folgte im Tode bald auch sein Erbe: Childebert der Junge, König von Austrasien und Burgund, starb 595, 26 Jahre alt, vergiftet von seiner Königin Faileuba. Nun war kein Erwachsener vom Geschlecht der Merowinger mehr am Leben. Die beiden alten Fehdeschwestern beherrschten allein den Schauplatz und konnten sich fortab weniger behindert als bisher einander widmen. Brunhilde saß wieder als Regentin da und hatte diesmal die Vormundschaft für zwei Großsöhne zu führen, deren ältester beim Tode seines Vaters zehn Jahre war, kein verächtliches Alter mit Rücksicht auf die Zeitumstände. Childebert war mit sechzehn Jahren Vater geworden – er hatte auf gut merowingische Manier die Zeit nicht ungenützt verstreichen lassen. Fredegunde hatte für ihren elfjährigen Chlothachar Vorsorge zu treffen.

Krieg flammte nun unmittelbar mit aller Kraft wieder auf. Starke Heere der Austrasier zogen gegen die Neustrier, Fredegunde ging selbst mit ihrem Kriegsvolk ins Feld und gewann die Siege bei Droisi und Latifao. Die Überlieferung berichtet, daß der erste hauptsächlich dank ihrer Klugheit und List gewonnen wurde. Unter den zehntausend Theorien über Shakespeare und sein Werk gibt es auch eine, die dafür hält, daß Shakespeare durch die ›Gesta Francorum‹ erfahren habe, wie Fredegunde bei Droisi zuwege ging: Sie ließ ihr Heer in der nebeligen Morgendämmerung gegen das Lager der Austrasier anrücken, wobei die Pferde, wie freiweidendes Vieh, Schellen am Halse trugen und das Fußvolk belaubte Äste vor sich hertrug. Das hätte Shakespeare die Idee zu Birnams Wald gegeben und ihm auch Gelegenheit geboten, seine Lady Macbeth nach Fredegunde zu modellieren.

Man muß hoffen, daß diese Theorie stimmt; denn dann ließe sich sagen, daß sogar Fredegunde zu etwas nütze gewesen sei – eine Behauptung, die sich sonst schwer verfechten ließe.

Ruhig in ihrem Bett starb 597 »Gottes und der Menschen Feind«; es war nicht lange nach den Siegen bei Droisi und Latifao, durch die sie ihre Feindin Brunhilde gedemütigt hatte. Das am Leben gebliebene, teure Junge des Drachennestes war zur Beruhigung und Erbauung des Mutterherzens dauerhaft auf dem Thron Neustriens plaziert, und Fredegunde wurde in der Ruhestätte der Merowinger unter einem heute noch in St. Denis vorhandenen Grabstein in Paris beigesetzt.

Aber damit war die lange Fehde noch nicht zu Ende. Brunhilde erlebte die Stunde ihres Triumphes auf dem Schlachtfeld bei Dormeille, wo Chlothachar im Jahre 600 überwunden wurde und sein Reich in Splitter fiel.

Wie die Mutter jedoch und wie überhaupt alles Unkraut, verging Fredegundes Sohn nicht so leicht, und Zwiespalt unter seinen Gegnern trug zu seiner Rettung bei.

Brunhilde, bejahrt und in Herrschsucht verhärtet, ist nun als einzige ihrer Generation und ihrer Zeit übrig, und inmitten einer immer mehr überhand nehmenden Anarchie, als sie den einen Enkel gegen den anderen aufhetzt, breitet sich während ihrer späteren Jahre ein immer dichter werdender Schleier von Finsternis und Verbrechen um sie, hervorgerufen vielleicht durch die ausgeprägte Feindseligkeit des Chronisten Fredegar gegen sie, die westgotische Frau.

Chlothachar ist es, der zuletzt das Spiel gewinnt. Nach vielen wirren Schrecknissen kommt im Jahre 613 die Schlußszene bei Renève in Burgund, in der Gegend von Dijon; eine Szene, über der eine verdichtete Stimmung von Welten-Mitternacht lagert.

Von Fredegundes Sohn wurde da mit ihrem Haar Brunhilde, die Tochter des Athanagild, die Königin von Austrasien, an den Schweif eines ungezähmten Pferdes gebunden und zu Tode geschleift, und damit hatte die Fehde, die im Jahre 568 ihren Anfang genommen, endlich ihr Ende erreicht.

Seit zwanzig Jahren schlief da schon der fromme Gregorius unter seinem steinernen Gewölbe in der Kirche von Tours – für seine Stadt wahrscheinlich schon zur Legende geworden und vielleicht bereits imstande, kranke Pilger fast ebensogut zu heilen wie der heilige Martin selbst.

An Pilgrimen, die ihn nicht an seinem Grabe, sondern in seiner Chronik aufsuchen, ist sein guter Einfluß offenbar; denn ohne Zweifel tut es mitunter gut, ein Zeitalter wie das seine zu betrachten und des eigenen dabei eingedenk zu sein.

Im Jahre 859 ruderte eine Wikingerflotte mittlerer Größe, die sich eine Zeitlang im Seinebecken aufgehalten hatte, ins Meer hinaus und steuerte, den Küsten der Bretagne und Aquitaniens folgend, nach Süden. Die dabei wiederholt vorkommenden Strandüberfälle und Plünderungen unterschieden sich jedoch während des ersten Teiles dieser Fahrt nicht so stark von dem, was in diesen Gegenden alltäglich war, als daß irgendein Chronist es der Mühe für wert gehalten hätte, sie zu erwähnen.

Die ersten schriftlichen Spuren von der Tätigkeit dieser Flotte finden sich in Nordspanien. Dort, im Königreich Asturien, stattete man landeinwärts einen nachdrücklicheren Besuch ab, dessen schließliches Ergebnis eine Schlacht war. Mit großen Verlusten, sagt eine asturische Quelle, wurden die Normannen zurückgeschlagen. Als sie wieder in See stachen, zählte ihre Flotte zweiundsechzig Schiffe.

Zur Zeit, da die Küsten Europas in solcher Weise heimgesucht wurden, pflegten die patriotischen Chronisten der verschiedenen Länder mit reichlich bemessenen Angaben über große Verluste und vernichtende Niederlagen nicht zu geizen. Wie immer es sich damit verhalten haben mag, derartige Verluste und Niederlagen haben selten ausgereicht, die furchtbare Vitalität dieser nordischen Seefahrer zu dämpfen. Jene Kampfhandlung in Asturien, die für das kleine Königreich ernst genug gewesen sein mag, war für diese Flotte nur eine geringfügige, einleitende Episode. An der Mündung des Guadalquivir stieß man auf eine starke maurische Flotte; auch dieses Mal sollen die Normannen, die sich noch keine eigenen Chronisten und Kriegskorrespondenten hielten, den kürzeren gezogen haben. Aber es scheint, daß sie auch dies mit Gleichmut trugen. Sie steuerten darauf durch die Meerenge von Gibraltar.

Nachdem sie im Vorbeifahren die Moschee in Algeciras niedergebrannt hatten, entfaltete sich ihre Aktivität in den verhältnismäßig noch unberührten Ländern des Mittelmeeres zu voller Blüte. Zunächst hört man von ihnen von Neckor in Marokko, wo sie maurische Streitkräfte besiegten, die versucht hatten, sie zu stören; darauf segelten sie die spanische Ostküste entlang, suchten die Balearen heim und plünderten gründlich in Roussillon. Von dort gelangten sie zur Insel Camargue, zwischen den Mündungsarmen der Rhône, und richteten sich hier für den Winter ein, worauf das Rhônetal bis nach Valence hinauf in Angriff genommen wurde. Es steht nicht ganz fest, ob es gerade diese Flotte war, die nun an der italienischen Küste auftauchte und Pisa und Lucca niederbrannte; es mögen das auch Sarazenen – Heiden der anderen Art – gewesen sein. Auf der Heimfahrt hielten sich die unermüdlichen Scharen in den nördlich von Gibraltar gelegenen Ländern auf und lieferten den Mauren eine zweite Seeschlacht; darauf erschienen sie tief im Golf von Biscaya, wo es ihnen irgendwie glückte, sich in die Täler des Königreiches Navarra vorzuarbeiten, Pamplona zu erstürmen und durch Feuer zu zerstören. Schließlich, im Jahre 862, landeten sie glücklich in der Bretagne. Vielleicht, daß sie sich hier nach wohlverrichtetem Werk ein wenig Ruhe gönnten, denn in diesen Gegenden hörte man erst vier Jahre später wieder von ihnen, als sie den Markgrafen Karls des Kahlen – Robert den Starken – in der Schlacht bei Brissarthe besiegten und töteten.

Dergleichen trockene Daten über Expeditionen wie diese – und es waren deren unzählige, die den Küsten von Irland bis zu denen des Kaspischen Meeres galten – dergleichen trockene Daten sind zweifelsohne geeignet, einen gewissen Respekt einzuflößen; man kann nicht recht loskommen von dem Eindruck, daß diese Wikinger Menschen eigentümlicher Art gewesen sind. Inmitten der vielen aufreibenden Elemente ihres Handwerks scheinen sie unzerstörbar gewesen zu sein wie Salamander; sonst hätten sie auf einer solchen mehrjährigen Fahrt mit ihren zweiundsechzig Langschiffen zugrunde gehen müssen bis auf den letzten Mann: Stürme hätten sie vernichtet, an Niederlagen und anderen Verlusten wären sie verblutet, und auch Ruhr, Skorbut, Ausschweifungen und Trunk hätten einen gründlichen Zoll verlangt; oder sie hätten sich schließlich in Andalusien an unreifem Obst zu Tode gegessen. Man wüßte gern im einzelnen, wie eine derartige Expedition ausgerüstet und organisiert und wie die Winterlager beschaffen waren, vor allem aber, wie es möglich war, daß eine so große Mannschaft so lange Zeit zusammenhalten konnte, ohne durch Gezänk über Beute oder den einzuschlagenden Weg in kleinste Bruchstücke auseinanderzufallen.

Aber – trockene Daten, das ist leider alles, was wir darüber haben, und daran liegt es, daß alle Geschichtsschreibung über die Wikingerzeit, als Erzählung betrachtet, recht bescheiden ausfallen muß im Verhältnis zur ideellen Geschichte dieser Zeit, über die man unbehindert phantasieren kann. Fast das ganze, für den Historiker verwendbare Material besteht aus Notizen und niedergeschriebenen Flüchen einiger Ausländer – kurze Aufzeichnungen, in denen die Wikinger nur immer verheerende wilde Tiere sind, die einer dem Chronisten fernen und unbegreiflichen Welt angehören. Beim Versuch, ihnen näher auf den Leib zu rücken, ist nicht einmal die isländische Literatur von großem Wert; als diese anfing, sich mit den Wikingern zu beschäftigen, waren diese schon lange romantische Gestalten der Vergangenheit. Eine gewissenhafte Geschichte der Wikinger wird daher im großen und ganzen zu einer bloß statistischen Aufzählung geplünderter Gebiete und niedergebrannter Städte, von Lösegeldern und Feldschlachten; nie oder nur selten ist man imstande, ein konkretes Bild von dem, was hinter diesen Namen und Zahlen wirklich vor sich gegangen ist, deutlich zu erkennen oder auch nur einen Schimmer davon wahrzunehmen.

Was waren die berühmten Wikingerhäuptlinge als Persönlichkeiten – jene Lodbrokssöhne, Hasting, Olaf der Weise, Gold-Harald und Rurik? Wie ungefähr gestaltete sich das Leben in einem nordischen Königreich auf Irland oder in einer schwedischen Wikingerniederlassung an der Wolga? Wieviel an unerschütterlicher Todesverachtung war diesen gewaltigen Streitern eigen, und wieweit waren sie befähigt, in einer schwierigen Lage Haltung zu bewahren? Und wenn man von den Tiraden der Mönche einerseits und von der idealisierenden Wikingerromantik andererseits absieht: In welchem Verhältnis standen bei ihnen im allgemeinen blinder Furor und barbarischer Edelsinn, wenn sie in der für sie normalen Weise irgendwo landeten und

> Männerwangen erbleichten,
> Wenn die Küsten erreichten –
> Zum Ufer watend –
> Die Herren der Schlacht?

Über dergleichen würde man gern Genaueres wissen, aber die Historiker gestatten sich nicht, viel darüber auszusagen; diese seltsamen Männer aus dem Norden bleiben ferne, unbestimmte Gestalten für den, der von ihren Großtaten liest, und es will nicht gelingen, sie richtig in den Blick zu bekommen. Nur ganz vereinzelt, hin und wieder, kann man sich einbilden, sie einen Augenblick lang handgreiflich vor sich zu sehen.

An einem Herbsttage des Jahres 991, zu Zeiten des unglückseligen englischen Königs Ethelred, begegneten sich an einem Flußufer bei Maldon in Essex eine angelsächsische, von Byrhmoth angeführte Kriegerschar und ein Trupp kürzlich an Land gegangener Wikinger, unter deren Anführern sich kein geringerer befand als Olaf Tryggvesson – er war damals noch ein sorgenloser Seekönig, der weder an das Christentum noch an die norwegische Königskrone dachte. Über die Schlacht, die nun hier geschlagen wurde und in der die Angelsachsen erlagen, entstand sehr bald darauf bei den Besiegten ein episches Gedicht, ›Maldon‹, das englische Gegenstück zum Rolandslied. Es hat den Tonfall tragischer Erhabenheit:

> Gedanken seien härter –
> Herzen kühner –
> Höher sei der Mut,
> Wenn uns Macht schwindet.

Die Niederlage wird der tragischen Hybris des Anführers zugeschrieben. Von entgegengesetzten Seiten her zum Flusse kommend, standen sich die zwei Heerhaufen auf beiden Ufern gegenüber, und Byrhmoth bot den Wikingern freiwillig Raum auf seiner Seite an, damit ein ehrlicher Kampf zustande käme.

»Er schenkte den Gegnern zu viel Raum; er rief über den kalten Fluß hinüber, und die Krieger lauschten: ›Nun gebe ich euch Boden hier; kommt schnell herbei zum Streit; Gott allein kann sagen, welche Partei den Platz behaupten wird.‹ Und die Blutwölfe, die Männer vom Meere, wateten westwärts durch die Panta ...«

Hier, im Augenblick, da sie hinüberwaten, läßt sich vielleicht etwas von ihrer Realität spüren. »Blutwölfe«, wie sie hier genannt werden, war ein Name, dessen sie sich in den Ländern, die sie heimsuchten, zweifelsohne oft würdig erwiesen; ein irischer Chronist faßt dies in folgender munteren Leistung mittelirischer Rhetorik zusammen: »Mit einem Wort: Wenn auch hundert harte, abgehärtete Eisenköpfe auf einem Hals säßen, und hundert scharfe, gewandte, kalte, nimmerrostende Kupferzungen in jedem Kopf steckten, und hundert laute, beredte, unermüdliche Stimmen hinter jeder Zunge wären, so vermöchten sie doch nicht wiederzugeben oder zu berichten und aufzuzählen, was die Gaelen insgemein –

Weltliche und Priester, Alte und Junge, Leute von edler und von niederer Geburt – an Widerwärtigkeit, Bedrückung und Schaden an Leib und Leben erleiden mußten von seiten dieser vom Meere her gekommenen, unerschrockenen, zorneswütigen und durch und durch heidnischen Fremden.«

Im großen und ganzen stimmt das gewiß; aber bei all ihrer Barbarei erstaunen die Wikinger zugleich durch ihre weit vorgeschrittene Zivilisation und Technik. Als sie 885 Paris belagerten – ein berühmtes Unternehmen, das ein gewisser Abbo in einem langen lateinischen Gedicht besungen hat, so daß man die Einzelheiten recht gut kennt –, zeigten sie sich in allen Künsten der Belagerung wohl bewandert; geschickt im Verwenden von Katapulten, Sturmböcken, Pechkränzen, Schutzdächern und den verschiedensten anderen Hilfsmitteln. Über die politischen Verhältnisse in Europa scheinen sie im allgemeinen gut unterrichtet gewesen zu sein; sie wußten immer haargenau, wann Bruderzwist oder anderes Ungemach bei den heruntergekommenen karolingischen Herrschern die Lage in den Ländern Karls des Kahlen, Lothars oder Karls des Einfältigen so gestaltete, daß auf eine gute Saison zu rechnen war. Diese Frühlingsfahrten waren zweifellos das Ergebnis ruhiger Überlegung, klug entworfener Pläne, das Werk klarer Köpfe, nicht bloßer Berserkerlaune und blinder Gewinnsucht. Kaiser Konstantin, der im Purpur Geborene, und andere byzantinische Schriftsteller scheinen zudem die Ansicht vertreten zu haben, daß die weitgereisten Männer aus dem Norden nicht nur im Krieg, sondern auch in der Diplomatie keineswegs den Eindruck machten, als seien sie auf den Kopf gefallen.

Den historischen Schriftstellern, die sich mit den Wikingern beschäftigen, scheint vor allem die Beantwortung von zwei Fragen Schwierigkeiten zu bereiten: Die eine betrifft den Anfang der Wikingerzeit, die andere gilt einer zufriedenstellenden Erklärung der Ursachen der Wikingerzüge.

Die erste Frage hat kaum andere als systematische Bedeutung; die zweite hat von jeher Kopfzerbrechen gemacht. Aber man kann eigentlich nicht recht verstehen, warum die Historiker glauben, zur Ermittlung einer besonderen Ursache der Wikingerzüge streng verpflichtet zu sein. Warum sollte es denn noch andere Ursachen gegeben haben als den hohen Stand des nordischen Schiffsbaus und die damit zusammenhängende Tatsache, daß die Norweger die einzigen waren, die lange Seefahrten nicht fürchteten? Die Wikingerzüge wurden ganz von selbst zu einer Gewohnheit, zu einer Angelegenheit für »bessere Leute« und einem selbstverständlichen Beruf, sobald man sich erst einmal darüber völlig klar geworden war, daß die Sache sich gut machen ließ. Wenn in Australien oder Alaska eine Goldgrube entdeckt wird und wenn Transportmöglichkeiten dorthin vorhanden sind, braucht man nicht weiter nach irgendwelchen besonderen Ursachen des großen Zustroms dorthin nachzugrübeln. Irgendein windgetriebener Schiffer aus Hålogaland oder Westfold hat eben einmal einen Versuch gemacht: Er ist irgendwo in Northumberland an Land gegangen, hat sich über ein Kloster oder einen Marktflecken hergemacht und gefunden, daß das Ganze glänzend abgelaufen sei. Damit war die Goldgrube entdeckt, und das Gerücht von ein paar derartigen lohnenden Geschäften mag genügt haben, um in die Schiffswerften längs allen nordischen Küsten Leben und Bewegung zu bringen. Allmählich fing auch die Aristokratie an, sich zu beteiligen, rationeller Großbetrieb löste die ungeordneten Pionierunternehmungen ab, und schließlich konnten die führenden großen Genossenschaften mit mehreren hundert Kielen in See gehen. Es ist schwer einzusehen, warum das alles eine andere Ursache gehabt haben soll als eben diese, daß es so und nicht anders allen Menschen natürlich vorkam. Erst in dem Fall, daß diese nordischen Männer, die einzigen Herren des Meeres, sich nicht daran gemacht hätten, in den europäischen Ländern einzufallen, hätte man Grund, nach besonderen Ursachen zu fragen.

Es ist nicht ganz einfach festzustellen, wann die Wikingerzeit ein Ende nimmt; vielleicht bei Stamfordbridge, vielleicht mit dem Fall des Magnus Barfot; vielleicht auch könnte man sie mit der eigenartigen Szene abschließen lassen, die sich abspielte, als die Barone der Normandie im ersten Kreuzzug die Mauern Jerusalems bestiegen und dabei einen alten, ererbten Kriegsruf erhoben, dessen Bedeutung ihnen selber längst nicht mehr klar war; einen Ruf, den ihre Väter in den Tagen Gange-Rolfs aus der Heimat mitgebracht hatten und den die moderne Philologie als eine Anrufung des alten, heidnischen Kriegsgottes erkannt hat – ein heidnischer Ruf zum Schutze des Heiligen Grabes! Hier geschah es gewiß zum letztenmal, daß Tyr hinter einer Wolkenecke hoch im Norden hervorlugte, um zu sehen, wie es um die Angelegenheiten seiner Söhne in fernen Landen stand.

Mit allem, mit Königen und Päpsten, mit Rittern und Söldnerheeren, mit Reichtum, Macht und Siegesglück dreht sich Fortunas Rad: Heute aufwärts, morgen hinab; die blinde Göttin greift zu, und alle müssen folgen. »Ja, so geht es«, sagt mit seiner friedlich klingenden Stimme der Domherr zu Chimay, Messire Jean Froissart, er, der mehr als irgendein anderer seiner Zeitgenossen Schicksalen und großen Unternehmungen nachgegangen ist. Fortunas Rad – das ist die Gesamtheit der großen Schauspiele. »Glaubt mir«, wiederholt er, »mir, der ich das alles gesehen und sorgsam die vielen großen und denkwürdigen Begebenheiten des 14. Jahrhunderts in dieser meiner Chronik niedergeschrieben habe.«

Wenn man Froissarts Chronik bloß inhaltlich betrachtet und nüchtern am Gedanken festhält, daß sie als Ganzes nicht nur eine schöne Welt der Abenteuer, sondern auch ein treues Abbild der Wirklichkeit sein soll, dann ist sie ein Aktenstück brutaler und schauerlicher Art und nimmt sich aus wie eine einförmige Unendlichkeit von Erstürmungen und Schlachten, von Mord und Blutbad, Verwüstung, Aufstand, Pest und Hungersnot. Es ist die Dekadenz des Feudalismus und der Politik, die beide von offener Treulosigkeit und schlauem Egoismus beherrscht werden. Wir sehen Edelleute, die stets bereit sind, ihre Ehre in Geld umzurechnen, und einen Krieg, der wie ein endloser Alpdruck voll namenloser Schrecken ist; eine doppelköpfige, entartete Kirche, die sich in Clementiner und Urbaniter spaltet und deren zwei Häupter Fluch und Verleumdung gegeneinander ausspeien.

Und dann die Freischärler, die Vollender des Elends: stählerne Heuschreckenschwärme, die über das Land hinfegen und jeden Winkel ausplündern und brandschatzen. Und der unveränderliche Hintergrund zu diesem Schauspiel ist ein von allen diesen Mächten geplagtes, ausgesogenes und getretenes Volk – Wildbret und Beute für alle. Das ist Froissarts Welt, das ist der Hundertjährige Krieg, wie ihn Froissart mit hellodernder schriftstellerischer Lust und mit einem Eifer, der sein ganzes Leben lang vorhielt, in seiner Chronik verewigt hat. Von dieser Seite her betrachtet ist sein Werk eine ungeheure, mittelalterliche Schreckenskammer, der nicht leicht etwas Ähnliches an die Seite zu setzen ist.

Als einen scharfen Gegensatz zu all diesem empfindet der Leser die geradezu berüchtigte gute Laune Froissarts und seinen unbeirrbaren Geistesfrieden – ein Gegensatz, der manche anspricht, anderen hingegen äußerst anstößig scheint. Moderne Geschichtsforscher und Literarhistoriker sind ihm daher in der Regel gram; denn ihrer Ansicht nach sollte er mehr Ernst aufbringen, sich betrübt und ergriffen zeigen, ja, genau genommen, richtig zerschmettert sein!

Froissart lebte in einer Zeit, die eines Jeremias würdig war. Trotzdem weigert er sich mit hartnäckiger Leichtfertigkeit, irgend etwas Predigtartiges oder gar ein Klagelied über seine Lippen kommen zu lassen. Hätte er höhere Eigenschaften irgendwelcher Art besessen – Überlegung, politische Einsicht, Patriotismus, Mitleid mit dem Volke, sittlichen Ernst oder Gedanken über Kultur und Menschlichkeit –, dann hätte er sich nicht so verhalten können, wie er es tut, hätte sich nicht so kindlich zufrieden gezeigt mit seiner höchst bedenklichen Welt und hätte sich deren krumme Moral nicht so selbstverständlich zu eigen gemacht. Der Gedanke an sich selbst, an seinen Fleiß, an seine wachsende Chronik und den erfreulichen Überfluß an Dingen, die des Aufschreibens wert sind und die ihm dank ständig sich erneuernder Kriege und Gewalttaten von allen Seiten zuströmen, wäre ihm dann nicht zur Quelle eines so gediegenen, epikureischen Wohlbehagens geworden. So ungefähr sagen seine Kriti-

ker, und neben ihrer feierlichen Ergriffenheit nimmt
sich Froissarts unbeirrter Gleichmut bizarr genug aus.
Für Wissenschaftler und Moralisten ist seine Chronik
keineswegs eine passende Lektüre; sie ist nur für Leute
da, die sie mit derselben naiven Freude zu lesen verstehen, mit der sie geschrieben worden ist.

Froissart hat ein fröhliches Naturell, und von Grübe-
lei und Schwermut ist er chemisch frei. Immer scheint
es ihm äußerst angenehm, zu leben. Man hat den Eindruck, als mache das bloße Atmen ihm Freude. Schon
die Tatsache, daß er in Valenciennes geboren ist, gibt
ihm offenbar große Befriedigung, denn er nennt die
Stadt selten ohne die Beiwörter »die gute, die schöne und
fröhliche«. Sein Los, Pfarrer zu sein in Les Estinnes –
einem ländlichen Winkel, wo man bedenklich weit von
den Schauplätzen großer Ereignisse entfernt ist – deucht
ihm nicht allzu schlimm. Er erzählt, daß er es sich
durch eine kluge Einteilung seiner Einkünfte recht erträglich gemacht hätte: Ein Drittel wende er an For-
schungen zugunsten seiner Chronik, ein Viertel gäbe er
in der Weinschenke aus. Kein Zweifel, daß er während
der zehn Jahre, die er in Les Estinnes verbrachte, ein
guter und beliebter Seelsorger gewesen ist, nicht zuletzt
durch die Fähigkeit, aufmerksame Zuhörer um sich zu
sammeln. Er liebte Wein, und gewiß hat an einsamen
Abenden, wenn er schreibend dasaß, eine gute Flasche
in Reichweite vor ihm gestanden. Beim Anblick der
weinbedeckten Hügel Südfrankreichs bricht er in die
Verse aus:

Und ich öffne meine Ohren,
Hör ich Wein aus Flaschen rinnen –
Sehr viel Freude macht es mir zu trinken!

Er scheint sich dieser Liebhaberei ohne schädliche
Übertreibungen hingegeben zu haben; keine Anzeichen
irgendwelcher geistigen Ermattung machen sich be-

merkbar, als er um das Jahr 1400 in einem Alter von mehr als sechzig Jahren seine Chronik abschließt.

Bei seinem glücklichen Temperament war er auch glücklich in seinem Leben; er mochte alle Leute, und alle haben ihm mit gleicher Münze vergolten. An Gönnern fehlte es ihm nie. Dank seiner priesterlichen Würde war er von Familiensorgen verschont. Krankheit, Unglücksfälle und ernstere Widerwärtigkeiten glänzen in den Mitteilungen, die er über sich selbst macht, durch ihre völlige Abwesenheit. In jungen Jahren ist er vielleicht einmal unglücklich verliebt gewesen – wenigstens läßt er das in einem Gedicht durchblicken –, doch darf man nicht vergessen, daß poetische Liebesqual im allgemeinen und die französische insonderheit nicht als ein zuverlässiges biographisches Dokument gelten kann. Einmal wurde ihm eine Börse mit achtzig Florinen gestohlen; damit ist die Liste seiner der Nachwelt überlieferten persönlichen Tragödien zu Ende. Von seinen letzten Jahren und seinem Tod weiß man nichts; mit dem Abschluß seiner Chronik und dem Verstummen seiner eigenen Stimme hören alle Nachrichten über ihn auf. Aber in der Kirche St. Monegunde in Chimay, wo er während seiner letzten Lebensjahre Domherr war, wird noch heute im Oktober eine Messe für ihn gelesen, und so ist es wahrscheinlich, daß er, satt an Tagen, im roten Herbstmonat irgendeines unbekannten Jahres dort gestorben ist.

Die vier Bücher seiner gigantischen Chronik, die er zweimal durchgesehen und umgeschrieben hat, waren damals schon weit und breit bekannt. Die großen Kämpfe waren zu Ende, und alle seine Helden waren tot; so hat also Messire Jean Froissart mit ungetrübtem Geistesfrieden nach seinen langen Mühen einen Punkt machen, den letzten Becher leeren und schlafen dürfen.

Seine literarische Laufbahn begann er als Dichter. Auch später, als er schon an seinem großen Lebenswerk arbeitete, hat er in freien Augenblicken fleißig Verse geschrieben. Es gibt von seiner Hand eine große Menge lyrischer

Gedichte und außerdem eine riesenlange Erzählung in Versen, im Stil der Artusdichtung: ›Meliador‹. Man legte damals großen Wert auf die Fähigkeit, kleine Gelegenheitsgedichte fingerfertig zustande zu bringen, und wenn Froissart es bei dieser Art von Dichtung hätte bewenden lassen, wäre er wie viele andere jener Zeit bloß ein bescheidener Schatten im Hause des Ruhmes geblieben, nicht mehr.

Indes schon früh begann er damit, die großen Ereignisse seiner Zeit zu schildern. 1361, im Alter von dreiundzwanzig Jahren, wartete er der Königin Philippa von England mit einer Chronik über die Schlacht bei Poitiers und die anschließenden Ereignisse auf. (Philippa stammte aus dem Hause der Grafen von Hennegau und ist ihr Leben lang eine treue Gönnerin Froissarts gewesen.) Diese Chronik ist verlorengegangen; es heißt, daß sie in Versen geschrieben war.

Zur endgültigen Scheidung zwischen Geschichtsforschung und epischer Dichtung war es damals noch nicht gekommen. Froissart wird jedoch nicht zu einem prosaischen Historiker dadurch, daß er mit seinem Hauptwerk zur Prosa übergeht, sondern er bleibt sowohl in Auffassung wie in Stil epischer Dichter. In gewissen Ausdrükken und Wendungen erkennt man in seiner Chronik noch die dichterische Technik der »Chansons de geste«.

Daß er sich entschloß, sein Geschichtswerk in Prosa zu schreiben, geschah durch den Einfluß eines nahverwandten und hervorragenden Vorgängers: Jean Le Bel. Dieser Domherr zu St. Lambert in Liège, der um 1370 in hohem Alter starb, ist der Verfasser der ›Vrayes Chroniques de Jehan Le Bel‹, die die ersten Anfänge des Hundertjährigen Krieges behandeln. Dieses Werk nahm Froissart zum Ausgangspunkt und benutzte es beim Ausarbeiten des ersten Buches seiner Chronik als Quelle, sofern die Ereignisse weiter zurücklagen, als seine eigene Erinnerung reichte. So oft er Jean Le Bel erwähnt, lobt er ihn hoch und nennt ihn seinen Meister.

Jean Le Bel war keine dichterische Natur und kein Freund dichterischer Geschichtsschreibung; seine Chronik will wahrheitsgetreu und streng sachlich sein. Durch ihn kam Froissart zur Einsicht, daß Prosa eine würdige Form für historische Darstellung sein kann und daß die vorhandenen poetischen Behandlungen seines Stoffes sich ständig dadurch versündigten, daß sie sich nicht an die Wahrheit hielten.

»Auf Wunsch meiner Herren und mir selbst zur Freude habe ich den größten Teil der Bretagne bereist und dabei Ritter und Herolde über die Kriege, Erstürmungen, Feldschlachten und großen Waffentaten ausgefragt, die um das Jahr 1340 dort stattgefunden haben. Eine Menge Minstrels und Sänger, wie sie auf den Märkten aufzutreten und von den Kriegen in der Bretagne zu singen pflegen, haben die wahrhaften Berichte von diesen Geschehnissen entstellt und dadurch Monseigneur Jehan Le Bel und auch mir aufs höchste mißfallen; denn durch die Verse und Lieder der Sänger erfährt man mitnichten die reine Wahrheit.«

Glücklicherweise blieb Froissart sein Leben lang zu sehr Dichter, als daß er die Genien seiner leichteren Natur auf dem Altar einer allzu prosaischen Geschichtsschreibung hätte opfern können. Was er zu den Füßen seines hochwürdigen Meisters gelernt hatte, machte er sich in vortrefflicher Weise zu eigen, ohne daß er dadurch im geringsten an den Eigenschaften verarmte, die er früher gepflegt hatte; er behielt sein freundliches Lächeln, seine angenehme Stimme und die herzgewinnende Leichtigkeit seiner ganzen Art – Züge, die seinem Lehrmeister nicht vergönnt waren.

In seiner Eigenschaft als Verherrlicher der kriegerischen und ritterlichen Ehre ist Froissart natürlich Dichter, und es ist hauptsächlich dieser Zug, der bei seinen nüchternen Kritikern des 19. Jahrhunderts oft Unbehagen und Ärgernis erweckt hat. Wenn sie ihn auch deswegen nicht direkt vor Gericht ziehen, so sind sie doch vollauf damit beschäftigt, Entschuldigungen für diesen seinen bedenklichen Enthusiasmus vorzubringen, desgleichen für sein hingebendes Aufgehen in den großen und kleinen Bravaden einer oft ziemlich zweifelhaften Ritterschaft und schließlich für seine so gut wie vollständige Gleichgültigkeit gegen den unfreien Stand und dessen himmelschreiende Lebensverhältnisse.

Froissarts Standpunkt ist eindeutig. Bürger und Bauern gehören, was ihr Tun und Lassen angeht, bloß der Erde an. Sie pflügen und säen, kaufen und verkaufen, sorgen für Nachkommenschaft und bezahlen Steuern. Sie sind durchweg nützlich und nichts mehr. Aber das Volk der Krieger, und allen voran die Ritterschaft, steht in Zusammenhang mit etwas Idealem, etwas, das von höchster Bedeutung und im Grunde religiöser Art ist: mit dem Begriff der Ehre. Durch den Ritterschlag wird der Krieger in einen heiligen Verband aufgenommen, in dem die Ehre bestimmend ist, und der Krieg gilt hier als das unschätzbare Sakrament einer Taufe, in das er untertauchen und in dem er sich erst einmal gründlich regen muß.

Die ideale Gesinnung des Ritterstandes im 14. Jahrhundert war, soweit überhaupt noch vorhanden, durch und durch weltlich geworden. Weder bei Froissart selbst (der doch priesterlichen Standes war) noch bei der Welt, die er schildert, findet sich eine Spur von religiöser Schwärmerei. »Von Waffen und Liebe kommt alle Ehre und Lust«, sagt er in einem seiner Gedichte, und das war auch die allgemeine Ansicht seiner Zeit. Frommes Hingerissensein, christlicher Eifer, Kreuzzüge und dergleichen waren für die Ritterschaft und die Monarchen des Abendlandes Dinge, die schon lange der Vergangenheit angehörten. Der wahre Ritter kämpfte nicht mehr für die Sache Gottes, sondern höchstens für seine Dame. Kreuzzüge fanden statt aus bleicher Konvention, als eine althergebrachte, redliche Zerstreuung, solange nichts Besseres sich fand. Es war modern, nach Ostpreußen zu ziehen und dem Deutschen Orden im Kampf gegen Samogiter und

Litauer zu helfen, und solange es sich irgend machen ließ, versuchte man, an das waschechte Heidentum jener Stämme zu glauben, um sich auf diese Weise ein bequem gelegenes Kreuzzugsland zu erhalten.

Als Genua 1389 einen Kreuzzug gegen die in Tunis blühenden Seeräuberkolonien ausschrieb, gab es großen Zustrom von französischer Seite, da Frankreich zu jener Zeit, wie Froissart sich ausdrückt, »voll war von Rittern und anderen Waffenträgern, die nichts zu tun hatten«. Diesem Kreuzzug fehlte jeder Unternehmungsgeist, und so wurde er denn ein vollständiges Fiasko. Ebenso ging es einige Jahre später mit dem großen französisch-ungarischen Unternehmen, dem die Türken bei Nikropolis ein Ende setzten.

Der munterste Kreuzzug, von dem Froissart erzählt, wurde 1361 von Innozenz VI. gegen die Freischärler ausgeschrieben. Diese berüchtigten »Grandes Compagnies«, die zum größten Teil aus abgedankten Soldaten des Schwarzen Prinzen bestanden, hatten sich nach dem französisch-englischen Waffenstillstand daran gemacht, in zahlreichen Banden plündernd und brandschatzend durch Frankreich zu ziehen, wobei sie erklärten, daß arme Soldaten schließlich auch dann etwas zu beißen haben müßten, wenn es den großen Herren einfiele, Frieden zu halten. Sie waren den Mächten der Ordnung weit über den Kopf gewachsen und hatten eine gegen sie ausgesandte Reichsarmee vernichtend schlagen können. Im Frühling, noch bevor das geschah, hatten mehrere ihrer unternehmendsten Anführer sich in der Richtung nach Avignon auf den Weg gemacht, wobei sie immer deutlicher werden ließen, daß ihnen die päpstliche Schatzkammer im Sinn lag. Innocentius, der früher einmal bei einem ähnlichen Besuch vierzigtausend Ecus hatte bezahlen müssen, ließ sofort gegen diese drohenden Scharen einen allgemeinen Kreuzzug mit vollem Sündenablaß predigen, genau wie bei einem Kreuzzug gegen Heiden; dazu sandte er einen Kardinal aus, der bei Carpentras, einige Meilen von Avignon, die herbeiströmenden Kreuzfahrer sammeln sollte. Große Scharen kamen herbei.

»Aber«, sagt Froissart, »als sie merkten, daß sie nur Sündenvergebung erhalten sollten und keinen Sold, wurden sie unzufrieden und verließen den Kardinal, und ein Teil ging statt dessen zu den Freischärlern über, so daß deren Anzahl täglich wuchs und im Jahre des Herrn 1361 bis tief in den Sommer hinein den Papst, die Kardinäle und die Kaufleute in Avignon bedrückte.«

Obgleich also das religiöse Element aus der Welt der Ritter jener Zeit verschwunden war, hatte man doch noch genug edle Gesinnung und lebendige ritterliche Form übrig, um nicht selten inmitten aller Härte und Verwilderung den Kriegen, die geführt wurden, schöne und edle Züge zu verleihen. Froissarts Erzählungen umfassen in solchen Fällen die schärfsten Gegensätze. Einerseits hilft man sich oft mit unübertrefflich barbarischen Methoden und mit äußerster, kaltblütiger Grausamkeit, und andererseits folgt man gleichzeitig – das heißt wenn Zeit und Umstände es erlauben – einem Ehrenkodex allerstrengster Art.

Ein Bild echter Ritterlichkeit ist Froissarts Schilderung der Begegnung zwischen dem Schwarzen Prinzen und Johann, dem König von Frankreich, nach dessen Gefangennahme bei Maupertuis.

Es war einer der blühendsten Erwerbszweige jener Zeit, Ritter aus vornehmem Geschlecht, die ein gutes Lösegeld zahlen konnten, gefangenzunehmen. Der Brauch, feine Leute zu barem Gelde zu machen, war uralt und gab damals den Feldschlachten ihren besonderen Charakter. Arme, aber strebsame Leute, wie Bogenschützen, Rüstknechte und Freischärler, schlugen ihre wirtschaftlich besser gestellten Gegner nicht unnötig tot; sie pflegten sie vielmehr wie ihren Augenstern, sobald sie ihrer (in mehr oder weniger gerupftem Zustand) habhaft geworden waren. Ein einfacher Bogenschütze, der über einen vollwertigen französischen Grafen verfügte, konnte sich nach glücklich durchgeführter Transaktion für immer vom Kriegsschauplatz zurückziehen und von seinen Renten leben. Eine nach allen Regeln geleitete Feldschlacht wie die bei Maupertuis hatte daher recht eigentümliche Szenen aufzuweisen.

Nach jedem zurückgeschlagenen Angriff entstand nämlich für die Engländer eine Pause im Kampf, während welcher man sich der finanziellen Seite der Sache erinnerte. Die flinken Schützen stießen das spitze Ende ihrer Bogen in die Erde, um den Platz zu bezeichnen, wo sie standen. Dann rannten sie um die Wette zu dem vor ihrer Front entstandenen Durcheinander von erschlagenen und verwundeten Franzosen hin. Eilig machten sie sich daran, die am Boden Liegenden zu zerren und zu wenden, etwa so, wie Zollbeamte mit vielversprechendem Reisegepäck verfahren: Sie deuteten Wappenschilder, öffneten die Visiere der Verwundeten und fragten grölend nach Namen und Einkünften. Dabei schlugen sie wertlosen und undechiffrierbaren Leuten die Schädel ein, zankten sich untereinander um das Prioritätsrecht und schleppten wertvolle Funde mit großem Eifer hinter die eigenen Linien, um sie dort ordentlich anpflöcken und mit den Kennzeichen ihrer Besitzer versehen zu lassen; worauf sie sich wieder mit dem Pfeil auf der Sehne an ihrem Platz einfinden mußten, um dem nächsten Angriff standzuhalten. Auf solche Weise wurden während dieser Schlacht ein Marschall, ein Erzbischof, vierzehn Grafen, zehn andere bannerführende Herren und an die zweitausend gewöhnliche Ritter geborgen, und am Abend konnte sich das englische Heer ruhig um einige Millionen Franken höher einschätzen als am Morgen dieses Tages.

Bei Maupertuis war die Gefangennahme König Johanns die große Hauptnummer – für den glücklichen Gewinner ein Preis von unschätzbarem Wert an Ehre und Bargeld.

Der König, der den letzten und kräftigsten Angriff geleitet hatte, weigerte sich zu fliehen, als es sich zeigte, daß das Glück den Franzosen endgültig den Rücken gewandt hatte; er kämpfte bis zuletzt neben dem Reichsbanner. Endlich durchbrach eine Schar Engländer auch die letzten Reihen, der Träger der Oriflamme wurde niedergehauen, und eine Menge eifriger Hände streckte sich nach dem Könige aus, dem kaum die Möglichkeit gelassen wurde zu sagen, wem er sich ergeben wollte. Zu Fuß führte man ihn nach dem Zelt des Schwarzen Prinzen.

»Die Stärksten sagten: ›Ich habe ihn gefangengenommen!‹ ›Nein‹, riefen andere, ›das war ich‹, und jeder zankte laut mit dem anderen darum, wer ihn haben sollte. Um sie zu beruhigen, sagte da der König von Frankreich: ›Ihr Herren, laßt das Streiten sein und führt mich und meinen Sohn in Frieden zu meinem Vetter, dem Prinzen. Denn ich bin ein so hoher Herr, daß ich hinreiche, um euch alle reich zu machen.‹

Diese Worte des Königs beruhigten sie etwas, aber bald fingen sie wieder an zu drängeln und zu schreien: Wer ihn denn gefangen hätte ...

Am Abend dieses Tages gab der Prinz ein Essen in seinem Zelt zu Ehren seines Gefangenen, des Königs von Frankreich, und für den größten Teil der hohen Herren, die seine Mitgefangenen waren. Der König und sein Sohn, Prinz Philipp, nebst anderen Prinzen von Geblüt und einigen französischen Grafen saßen an einem Tisch, und andere Barone, Ritter und Gefolgsleute an anderen Tischen. Und die ganze Zeit legte der Schwarze Prinz mit großer Ehrfurcht dem Könige vor und wollte sich nicht setzen, so sehr auch der König ihn darum bat: Vielmehr sagte er, daß er nicht würdig sei, am gleichen Tisch zu sitzen wie ein so hoher Fürst, der König. Und dann sagte er: ›Sire, seid um Gottes willen nicht schwermütig, wenn auch Gott heute nicht nach Eurem Willen hat tun wollen. Denn gewiß wird der König, mein Vater, Euch so viel Ehre und Freundschaft erweisen, wie in seiner Macht steht, und wird Euch solche Bedingungen stellen, daß Ihr beide von nun an immer Freunde sein werdet. Und mir,

Sire, will es scheinen, daß Ihr Euch freuen solltet, wenn auch der Kampf nicht so ausgegangen ist, wie Ihr es gewünscht habt; denn Ihr habt heute großen Ruhm für Tapferkeit gewonnen und an Mannesmut alle auf Eurer Seite übertroffen. Glaubt nicht, Sire, daß ich das aus Hohn sage, denn die Unseren, die gesehen haben, was geschah, sind sich alle darüber einig, daß ein gerechtes Urteil Euch den Preis und die Palme geben muß.‹

Da erhob sich ein Gemurmel unter den Franzosen, und sie redeten untereinander davon, daß der Prinz edel gesprochen hätte und daß sicherlich ein herrlicher Held aus ihm werden würde, wenn Gott ihn am Leben erhalten und seinem großen Glück Bestand geben wollte.«

Aber die verhältnismäßig sonnige Welt des Rittertums mit ihrem Einschlag von Schönheit und Edelmut reicht, so inhaltsreich sie ist, für Froissarts unerschöpfliche Erzählerkunst nicht hin. Er muß auch jene andere, viel zweifelhaftere kriegerische Welt mitnehmen, die im Schatten jener blühte – die trüberen Sphären der bloßen Abenteurer, der Freischärler und Räuberhauptleute, eine Welt, die womöglich noch reicher an Geschehnissen, noch seltsamer und romantischer war. Oft muß er diese Erscheinungen verurteilen, aber doch sind sie für ihn zugleich in höchstem Maße anziehend. In seinem Weltbilde spielen sie ungefähr die gleiche Rolle wie Rothäute und Seeräuber bei späteren Generationen. Aber während Piraten und Rothäute einen Abstand von ungefähr tausend Meilen oder Jahren nötig haben, um in ihrem vollen Glanz dazustehen, ist das Merkwürdige bei Froissart dies, daß er für die Romantik seiner dunklen Gestalten einen wachen Sinn hat, obgleich er genau genommen mitten unter ihnen lebt. Allerdings verherrlicht er sie nicht krankhaft-salbungsvoll; ihrer Raubgier, Grausamkeit und zahlreicher anderer Schattenseiten wegen geht er streng mit ihnen ins Gericht, und wenn einmal irgendeine Bande ausgehoben wird, hat er manchen loyalen Seufzer der Befriedigung übrig. Doch als Erzähler kann er es nicht bleiben lassen, sie mit vergnügten Augen zu betrachten. Ihr bewegtes Leben entzückt ihn, schon allein, weil es ihm Stoff zu so vielen schönen Geschichten gibt.

Froissart berichtet von verschiedenen Abstufungen der Freischärler. Da sind zunächst die Typen der großen Condottieri, meist Hauptleute des Schwarzen Prinzen, die diesem immer zur Hand sind, wenn er sie nötig hat, die aber mitunter mit seiner Erlaubnis auch an anderen Kriegen teilnehmen. Außer diesen gibt es eine Unzahl kleinerer Anführer – Engländer, Bretagner und Gascogner – die an der Spitze umherstreifender Scharen Frankreich als ihren natürlichen Aufenthaltsort betrachten. Je länger der Krieg dauert, desto mehr nähern sie sich der haarfeinen Grenze, die das Kriegshandwerk von reinem Räubertum trennt. Und nach 1400 hat sich ein Typ (meist gascognischen Ursprungs) ausgebildet, der sich nun ganz und gar als Verkünder des Faustrechts zeigt. Überall in den Grenzgebieten werfen seine Vertreter sich zu Selbstherrschern auf; von eroberten, festen Schlössern aus brandschatzen sie, erpressen Lösegeld und sind allenthalben als »Gottes Freunde und aller Menschen Feinde« in lebhafter Tätigkeit. Allmählich werden sie scharenweise von den Leuten Karls des Fünften gefangen und gehenkt, als dieser Monarch sich daran macht, im Lande ein wenig aufzuräumen.

Als demnach für Ameriygot Marcel – einen Räuberhauptmann, dem Froissart zwei lange Kapitel gewidmet hat – das Dasein nicht mehr ganz wolkenfrei ist, hält er eines Tages eine Ansprache an seine Leute, die sich um die Frage dreht, wie man trotz verschlechterter Konjunktur den Betrieb fortsetzen könne:

»Da überlegte er in seinem Herzen, daß er den Entschluß, ein neues Leben zu beginnen, voreilig gefaßt und, wenn man es genau bedachte, bei Rauben und Plündern, was früher sein Handwerk gewesen war, das beste Leben gehabt hätte.

›Wie freuten wir uns‹, sagte er, ›wenn wir bewaffnet auf Abenteuer ausritten und auf freiem Feld einen reichen Abt oder Prior trafen oder wenn wir auf einen Zug Maulesel stießen, die mit Brokat, mit Pelzwerk oder Gewürz oder gar mit Seide und anderen Waren aus Damaskus oder Alexandria beladen waren! Alles konnten wir nehmen und Lösegeld dafür fordern. Jeden Tag lief Geld ein! Die Bauern in Auvergne und Limousin kamen zu unserem Schloß und versorgten uns mit Getreide und Brot, mit Hafer und Stroh für die Pferde, mit gutem Wein, mit Ochsen, Lämmern und gemästeten Schafen, Hühnern und allerhand Geflügel. Wir lebten und kleideten uns wie Könige, und wenn wir ausritten, erzitterte vor uns das ganze Land. Alles, was am Wege lag, war unser! Wißt ihr noch, wie wir, ihr und ich, ohne jede Hilfe die feste Burg des Dauphin von Auvergne, Merquel, erstürmten? Ich hielt sie nicht länger als fünf Tage und bekam für sie doch fünftausend Franken bar auf den Tisch gezahlt; und dabei war ich aus Liebe zum Dauphin schon um tausend heruntergegangen! Bei Gott, dieses Leben war schön und herrlich! Und nun fühle ich mich schwer betrogen, weil ich die Festung Aloise verkauft habe, die ja doch gegen die ganze Welt gehalten werden kann und am Tage, da ich sie verließ, für sieben Jahre mit allen nötigen Vorräten versorgt war. Ich bereue schwer, daß ich das getan habe!‹«

Froissart freute sich höchlich über ein Schelmenstück, auf das ein anderer Anführer verfallen war. Jener hatte sich des Schlosses Cruvalle bemächtigt und hielt es ein Jahr lang. Während dieser Zeit ließ er einen heimlichen unterirdischen Gang anlegen, dessen Ausgänge verdeckt waren. Darauf bot er das Schloß für zweitausend Franken seinem Besitzer an. Das Geschäft wurde abgeschlossen: Messire Raymon bezog sein Schloß, wurde aber bald nachher eines Nachts von derselben Räuberbande geweckt, die ihn für gefangen erklärte, aber auch bereit war, ihn gegen ein Lösegeld von wiederum zweitausend Franken freizugeben. So mußte dieser wahrhaft unglückselige Schloßherr zweimal bezahlen: das erste Mal, um in sein Schloß hinein-, und das zweite Mal, um wieder hinauszukommen.

Um 1380 breitete sich etwas wie Frieden und Stille über Froissarts Welt aus. Die gewaltigen Fürsten waren dahin und der große Kampfeslärm bis auf weiteres verstummt. Auf den Thronen von Frankreich und England saßen mißglückte Knaben, jeder umgeben von einem Schwarm alter Onkels, die sich untereinander so zankten, daß ihnen nicht viel Zeit für anderes übrig blieb. Es sah also einmal wirklich aus, als ob es Froissart, der im Hennegau saß, nun an Stoff fehlen würde. Indessen geschahen noch immer große Dinge in Spanien. Froissart beschloß, sie aus der Nähe zu beobachten und machte sich dorthin auf – eine Reise, die er in den ersten Kapiteln des dritten Buches anziehend geschildert hat:

»Ich bedachte bei mir selbst, daß nun vielleicht auf lange hinaus keine großen Waffentaten an der Grenze der Picardie und in Flandern geschehen würden, da dort Frieden geschlossen worden war. Und da Untätigkeit mir gar nicht behagte – denn ich weiß wohl, daß in künftigen Zeiten, wenn ich tot und vermodert bin, diese meine edle und erhabene Historia großen Ruhm genießen und edlen und tapferen Männern zur Freude und gutem Beispiel gereichen wird – und da ich noch immer durch Gottes Gnade ein gutes Gedächtnis und Kenntnisse des Gewesenen besitze, dazu einen klaren und behenden Verstand, um alles das aufzufassen, was ich für mein Werk brauche – samt Gliedmaßen und einen Körper, der Mühen und Anstrengungen ertragen kann –, so beschloß ich, nicht länger ohne jede Beschäftigung dazusitzen, sondern etwas zur Förderung meines Werkes zu tun.«

Auf dem letzten, inhaltsvollen Abschnitt seiner Reise erfreut er uns dadurch, daß er uns erlaubt, ihn Tag für Tag beim Materialsammeln für seine Chronik in voller journalistischer Tätigkeit zu sehen. Wie immer hat er Glück: Denn der Ritter Espaing de Lyon schließt sich ihm auf der Reise an, und auf dem gemeinsamen Ritt längs des Fuß der Berge durch die Grafschaften Foix, Comminge, Bigorre und Béarn läßt dieser verständige und gesprächige Ritter acht Tage lang den Strom seiner Mitteilungen reichlich fließen, stolz darauf, daß alles, was er über die Gegend und ihre Geschichte erzählt, in einer Chronik aufgezeichnet werden soll.

»Denn täglich, sobald er am Morgen seine Gebete gesprochen hatte, benutzte er den größten Teil der Zeit dazu, mich nach Neuigkeiten aus Frankreich zu fragen und mir von den Orten zu berichten, an denen wir vorbeikamen.«

So sehen wir also hier – ein echt mittelalterliches Idyll – den glücklichen Chronisten, den einzigen Journalisten seiner Zeit, durch ein vom Chronistenstandpunkt jungfräuliches Märchenland ziehen und in der Reichlichkeit seines Materials schwelgen. Überall, an jedem Bergrükken, zeigt sich eine Burg oder eine feste Stadt, und um eine jede hängt ein Gewölk homerischer Begebenheiten, die ein Schreibkundiger noch nie zu Papier gebracht hat: eine unendliche Welt von Belagerungen, Ausfällen, Erstürmungen, Hinterhalten, Überrumpelungen! Messire Espaing wird nicht müde zu erzählen, und Froissart wird nicht müde, nach mehr zu fragen.

»Und an jedem Ort, wo wir übernachteten, schrieb ich, um seine Worte besser zu bewahren, alles nieder, was er berichtet hatte, entweder gleich am Abend oder am nächsten Morgen. Denn Schrift ist zuverlässiger als Gedächtnis.«

Und auf dieser Fahrt nach Orthez können wir ihn verlassen, wißbegierig, fleißig und glücklich; tagsüber seinem Begleiter zuhörend, abends gemütlich bei der Flasche sitzend. Frühmorgens ist er schon dabei, das Gehörte aufzuschreiben, um es später, wenn er wohlbehalten heimgekommen ist, gebührend auszuarbeiten auf seine

besondere Weise, die ihn für die Nachwelt zum liebens-
würdigsten aller Domherren, zum vornehmsten aller
Chronisten macht.

Schweizer und Landsknechte
16. Jahrhundert

Auf dem Gebiet der Kriegskunst weist das 16. Jahrhundert sehr markante und eigenartige Züge auf, vor allem dadurch, daß während seiner ersten Jahrzehnte die Feuerwaffen zum entscheidenden Element der Taktik werden.

Selbst hochintelligente Leute jener Zeit waren sich über diese Entwicklung der Dinge keineswegs klar. So träumte Machiavelli in seiner Abhandlung über Kriegskunst immer noch von einer Infanterie mit Schild und Schwert, die imstande sei, in altrömischem Stil allem entgegenzutreten. Kanonen und Gewehre hielt er für harmlose Lärmmaschinen, die höchstens dazu taugten, Pferde zu erschrecken; und doch mußten gleichzeitig die Schweizer bereits bei Bicocca 1522 die Erfahrung machen, daß Schlachten sich nicht mehr ausschließlich mit blanker Waffe gewinnen ließen, was ihnen erst kurz zuvor, 1513 bei Novara, noch vortrefflich gelungen war. Die große Schlacht bei Ravenna, die der junge Herzog von Nemours, Gaston de Foix, 1512 gegen die Spanier gewann, war die erste, in der die Artillerie den Ausschlag gab.

Das 16. Jahrhundert ist die klassische Zeit der Legionäre; sie erstreckt sich bis über den Dreißigjährigen Krieg hinaus. Zwei gleichartige, aber untereinander bitter verfeindete soldatische Elemente herrschen bis zum Ende der Hugenottenkriege in den meisten Schlachten vor, die auf italienischem Boden zwischen Franzosen und Italienern geschlagen werden; diese zwei Elemente sind die Schweizer und die Landsknechte.

Die Schweizer sind zunächst obenauf durch ihre Taktik, in geschlossenem Angriff mit ihren langen Spießen alles über den Haufen zu werfen. Von Kanonen und Gewehren unterstützt, stehen sie lange im Ansehen, die beste Infanterie der Welt zu sein. Nach ihnen schätzte man die deutschen Landsknechte. Auf zahlreichen Schlachtfeldern haben diese beiden Gegner im Dienst oft wechselnder Herren für einen mäßigen Tageslohn aufeinander losgeschlagen, sich gegenseitig gestochen und gespießt und auf diese Weise Höchstleistungen an Handgreiflichkeit und Todesverachtung vollbracht.

Während des ganzen 15. Jahrhunderts und besonders nach ihren großen Siegen gegen Burgund genossen die Schweizer den Ruf, einzig und allein durch ihre Speerhaufen, ohne jede andere Hilfswaffe, unwiderstehlich zu sein, und keiner Kriegskunst gelang es, irgendwelche Mittel ausfindig zu machen, um ihnen standzuhalten. Schon ihr bloßer Anblick war für die besten Armeen eine schwere Prüfung, zum Teil deswegen, weil die Schweizer ungern Gefangene machten und lieber auf der Stelle alles töteten, unbekümmert darum, daß man ihnen nach Möglichkeit dieselbe Behandlung angedeihen ließ. Gleichgültig gegen Feuerwaffen und gegen die Stärke des Gegners gingen sie zu ihrer großen Zeit siegreich gegen alles vor. Gewöhnlich waren sie dabei staffelartig nebeneinander in drei »Gewalthaufen«, fünfzig Glieder tief, aufgestellt. Einen Führer, der Feldherr genannt werden könnte, haben sie nie hervorgebracht, und nur selten hatten sie in ihrem eigenen Lande einen wirklichen Oberbefehlshaber. Sie wurden kantonweise von streitbaren Amtmännern und erfahrenen alten Hauptleuten kommandiert; zusammen bildeten diese einen obersten Kriegsrat, der im Unterschied zu allen anderen derartigen Institutionen stets starke Neigung zeigte, sich zu schlagen.

Die Schweizer kleideten sich nur wenig in Eisen und zogen ohne belastenden Troß ins Feld. Sie marschierten ausdauernd und geschwind und hatten die Gewohnheit, unvermutet an den sich in Sicherheit wähnenden Feind heranzukommen. Aus einem Waldrand hervor, über einen Bergrücken hin, wälzten sie sich plötzlich in kampfbereiten Kolonnen einher und rückten rasch vor unter einem hochstämmigen Wald wogender Spieße, der eine weniger dichte Untervegetation von Hellebarden und kommunalen Standarten aufwies. Das Feuer von Kanonen und Hakenbüchsen vermochte nicht im geringsten, sie aufzuhalten, der Abstand zum Feinde verminderte sich schnell; der Speerwald senkte sich nach vorn, und mit unwiderstehlicher Wucht, hervorgerufen durch die ganze zusammengeballte Masse der Kolonne, erfolgte der Zusammenstoß. Dann wurde ein schreckgeschlagenes, schreiendes Gewimmel vor den Speerspitzen hilflos einhergetrieben, wurde niedergestampft oder verstreut. Jeder Widerstand auf seiten von Burgundern, Kaiserlichen und Franzosen schmolz hin vor den langen Spießen und vor der Furia des Angriffs; und wenn die Schweizer zu ihrer großen Zeit je eine Schlacht verloren – wie das 1444 in der Gegend von Basel gegen den Dauphin geschah –, so lag das einzig an ihrem dreisten Drauflosgehen und ihrem grenzenlosen Selbstvertrauen. Bei jener Gelegenheit (die die Schlacht bei St. Jacob an der Birs genannt wird) überschritt ein Vortrupp von kaum zweitausend Mann, der es für unnötig hielt, die Aufgebote anderer Kantone zu erwarten, einen Fluß und griff die ungefähr dreißigtausend Mann starke französische Armee an. Die Angreifer drangen tief ein in die feindlichen Massen, wurden von allen Seiten umringt und gelangten schließlich bis zu einem Hügel, wo sie um ein dort befindliches Hospital für Aussätzige »Igel bildeten«. Dort fielen sie alle bis auf den letzten Mann, aber sie nahmen achttausend Feinde mit sich. Eine Niederlage solcher Art war nicht geeignet, den Respekt, den sie verbreiteten, zu vermindern.

Um sich eine gleichwertige Waffe zu schaffen und diesen entsetzlichen Bergbewohnern womöglich Einhalt zu gebieten, stellte Kaiser Maximilian seine Landsleute auf, die nach Art der Schweizer bewaffnet und eingeübt waren. Die Schweizer packte Raserei gegen diese unverschämten Nachäffer, und sie bekamen während des schwäbischen Krieges 1499 an verschiedenen Orten Gelegenheit, ihnen entgegenzutreten, so bei Bruderholz, bei

Schwaderlow, Frastenz und Dornach. Überall rannten sie die Landsknechte ohne jede Schwierigkeit über den Haufen. Ihre allgemeine Unlust, Gefangene zu machen, verdichtete sich nun zur festen Regel, Landsknechten niemals Pardon zu geben. Maximilians Versuch, sie durch Kürassiere auseinanderzusprengen, war ebenso vergeblich wie alles andere; die Schweizer »bildeten Igel«, wobei sie ihre gesenkten Spieße nach allen Seiten richteten, und schlugen so alle Angriffe »unter viel Scherzen« ab.

Ihr System, den Gegner schonungslos niederzumachen, hätte einen gewissen Sinn und teilweise vielleicht Berechtigung gehabt, wenn es sich um mehr oder weniger national betonte Unternehmungen gehandelt hätte. Aber sie behielten ihren Brauch gegenüber den verhaßten Landsknechten auch dann noch bei, als es ihre normale Beschäftigung geworden war, in den lombardischen Kriegen als Söldner zu dienen. Ideelle Tendenzen waren bei ihnen nur spärlich entwickelt; überaus sachlich schlugen sie sich als Söldner einzig um der Löhnung in bar und um der Plünderung willen. Blieb der Sold aus, so dauerte es nicht lange, bis sie meuterten; aber bei pünktlicher Bezahlung waren sie zu allem bereit, mit der einzigen Ausnahme, daß Schweizer nie gegen Schweizer gingen, wogegen die im Dienst verschiedener Herren stehenden Landsknechte auf Grund einer weiter vorgeschrittenen kosmopolitischen Einstellung nichts dagegen hatten, aufeinander loszuschlagen. Der Haß gegen die Landsknechte führte die Schweizer jedoch trotz allem zu einem gewissen auf den Kopf gestellten Idealismus, nämlich zur Verachtung aller nützlichen Berechnung, denn durch die beiderseits geübte Schonungslosigkeit wurden die Begegnungen zwischen ihnen und den Landsknechten auch für sie selber weit verlustreicher und mörderischer, als das sonst der Fall gewesen wäre. Aber die Schweizer wollten es nun mal so haben, auch wenn das eigene bißchen Leben dabei verlorenging. Erst um das Jahr 1520 hört man von periodischem sogenanntem »gutem Krieg«, der auf ein vorhergehendes Übereinkommen zwischen diesen beiden Gegnern hindeutet, daß Gefangene gemacht werden sollten. Rückfall zu »bösem Krieg« war jedoch häufig; so bei Cerisole und wohl auch noch später.

Bei Novara glückte es den Schweizern zum letztenmal, auf eigene Faust und in großem Stil – wie bei Granson und Murten – eine mannigfaltig zusammengesetzte feindliche Armee mit keiner anderen Waffe als mit ihren Spießen zu vernichten. Ihr Interesse galt damals gerade dem Herzogtum Mailand, wo sie kurz zuvor gegen eine hohe Summe Geldes einen neuen Herzog eingesetzt hatten. Herbeigerufen durch eine in Novara belagerte Garnison von Landsleuten trafen sie – in Gewaltmärschen aus der Heimat kommend – eines Abends bei der Stadt ein und konnten feststellen, daß die französische Invasionsarmee bei ihrem Herannahen die Belagerung aufgehoben und sich ein Stück von der Stadt entfernt hatte. Die Schweizer gönnten sich eine Mahlzeit und drei Stunden Rast; dann machten sie sich, achttausend Spieße stark, zu einem Nachtmarsch auf und fielen im Morgengrauen über die Franzosen her – es waren das zwölftausend kriegsgeübte Leute hinter Kanonen. Anfangs schlug die französische Artillerie die Herankommenden wie Kegel nieder, aber der Ansturm verlor dadurch nicht an Tempo, und nach einer kleinen Weile war alles vorüber: Die Hälfte der französischen Armee, nämlich sechstausend Landsknechte, blieb auf dem Schlachtfelde – die Schweizer selbst verloren nur siebzehnhundert Mann.

Zwei Jahre später – immer noch auf seiten der Mailänder gegen die Franzosen kämpfend – bekamen sie bei Marignano zum erstenmal ernstlich eins auf die Nase, aber das lag an besonderen Umständen, und ihre Leistung war, wenn sie auch kein Glück hatten, sehr achtenswert. Unter dem Einfluß französischer Bestechungsgelder zogen nämlich die starken Aufgebote von Bern, Freiburg und Solothurn nach Hause ab und ließen ihre Landsleute, fünfzehntausend Mann, einer fast doppelten

Übermacht gegenüberstehend, zurück. Nach einem hitzigen Meinungsaustausch untereinander beschlossen diese, dennoch anzugreifen. Das geschah erst spät am Abend, und als die Dunkelheit dem Handgemenge ein Ende gemacht hatte; ohne daß es zu einer Entscheidung gekommen war, setzten sie den Kampf am Morgen des nächsten Tages fort. Die Franzosen, unter dem nominellen Oberbefehl Franz I. stehend und von drei berühmten Feldherren, Bayard, La Palice und dem Connetable von Bourbon, befehligt, setzten ihre Kavallerie in einem aufopfernden Angriff ein und zwangen dadurch die Schweizer, haltzumachen und »Igel zu bilden«, wodurch die französische Artillerie Zeit hatte, die Haufen der Schweizer mehrere Male zu durchpflügen. Der endliche Zusammenstoß mit den Landsknechten und den Gascogner Pikenieren erfolgte daher nicht mit der gewöhnlichen, unwiderstehlichen Wucht. In der Einsicht, daß die Übermacht zu groß und die Taktik des Feindes zu wirksam war, zogen die Schweizer schließlich in guter Ordnung vom Schlachtfelde ab. Zu regelrechter Verfolgung ihrer auf die Hälfte zusammengeschmolzenen Gewalthaufen waren die Franzosen nicht recht imstande; aber die Freude darüber, daß man diesen furchtbaren Angreifern, wenn auch mit großer Übermacht, hatte standhalten können, war ungeheuer, und in Frankreich wurde ein Siegeslied von der Schweizerschlacht gedichtet und noch lange nachher gesungen. Einen Kehrreim dieses Liedes, der die Betrübnis der Schweizer in ihrer eigenen Sprache wiederzugeben versucht, legt Rabelais dem Panurge in den Mund:

> La tintelore,
> tout est verlore,
> tout est verlore, mein Gott!

Nach Marignano kam es zwischen dem König von Frankreich und den Schweizern zu einem großen finanziellen Übereinkommen, nach dem der König für Anwerbungen bei ihnen die Vorhand erhielt; und von nun an kämpften sie stets auf seiten der Franzosen.

Ein letzter Versuch dieser »erstaunlichen und höchst rätselhaften Leute«, auf eigene Faust und unter so ungünstigen Umständen wie nur möglich mit ihren Spießen alles über den Haufen zu werfen, ereignete sich in der Schlacht bei Bicocca, die in psychologischer Hinsicht höchst eigentümlich genannt werden muß. Hier endlich erhielten die Landsknechte volle Genugtuung. Die Truppen der Kaiserlichen, angeführt von Prospero Colonna, bestanden in der Hauptsache aus spanischen Arkebusieren und aus Landsknechten unter Frundsberg. Sie hatten eine äußerst starke Stellung inne: An den Flanken waren sie durch Gräben geschützt, und ein querlaufender Hohlweg lag vor ihrer Front. Hier war starke Artillerie postiert. Aber da die Kaiserlichen an Verpflegungsschwierigkeiten litten, durften die Franzosen hoffen, sie mit der Zeit zum Verlassen dieser Stellung zu zwingen und ihnen dann im offenen Feld unter für sie selbst günstigeren Umständen eine Schlacht zu liefern.

Aber durch all diese Pläne des französischen Oberbefehlshabers – es war Odet de Foix, Seigneur de Lautrec – zogen die Schweizer einen dicken Strich. Eines Tages fanden sich nämlich ihre Hauptleute bei Lautrec ein und erklärten, daß er nunmehr, da ihnen der Sold nicht ausgezahlt worden sei, bloß zwischen drei Dingen zu wählen habe: entweder sie zu bezahlen oder sie abmarschieren zu sehen oder die Kaiserlichen sofort anzugreifen.

Bezahlen konnte Lautrec sie nicht, denn die königliche Frau Mutter hatte sich der betreffenden Gelder gerade, als sie abgesandt werden sollten, angenommen, da sie fand, daß sie sie besser gebrauchen könnte. Es war dieselbe schadenstiftende Dame, die es dahin gebracht hatte, daß der Connetable von Bourbon landesflüchtig geworden war: Ihres allzu reifen Alters wegen hatte er ihre amourösen Aufforderungen abgelehnt ...

Die Schweizer abziehen zu lassen, wäre in einer so vielversprechenden Lage allzu herzzerreißend gewesen; aber auch die dritte Alternative war, wie Lautrec ihnen zu erklären versuchte, angesichts der vorläufig unangreifbaren Stellung des Feindes völlig ausgeschlossen, und er bat sie um ein wenig Geduld.

Aber die Schweizer blieben bei ihrem Vorschlag: Sie wollten sich sofort schlagen oder sofort nach Hause gehen. Was die uneinnehmbare Stellung des Feindes beträfe, so übernähmen sie es, diese Sache selber ins reine zu bringen, da Ängstlichkeit irgendwelcher Art sie nicht anfechte, sondern bloß ein rechtmäßiges Trachten nach dem ausgemachten Sold. Sie würden ihm also den Dienst leisten, bevor sie sich auf den Heimweg machten, die Kaiserlichen eigenhändig zu schlagen.

Der arme Lautrec mußte nachgeben. Er traf die sekundären Maßnahmen, die irgend möglich waren; worauf die Schweizer sich in zwei parallelen Kolonnen, deren jede ungefähr viertausend Mann stark war, zum Angriff aufstellten. Führer der einen – es waren Mannschaften aus den westlichen Kantonen – war Albert von Stein aus Bern; die Aufgebote der anderen – aus den alten Kantonen – befehligte ein alter Hauptmann namens Arnold Winkelried aus Unterwalden. Die Sage hat ihn von Bicocca nach Sempach versetzt. Eine Anzahl französischer Kavaliere als Freiwillige nahmen am Angriff teil, und den Oberbefehl über beide Kolonnen führte Anne de Montmorency, der spätere Connetable von Frankreich. Aber dieser Oberbefehl war nur ein sogenannter, denn an diesem Tage folgten die Schweizer nur ihrem eigenen Kopf. Beim Aufstellen (oder vielleicht erst beim endgültigen Durchbruchsversuch) hörte man die Rufe der Gemeinen: »Alle Offiziere, Pensionierte und Doppeltbesoldete nach vorn! Heute sollen sie zeigen, wofür sie ihr Geld erhalten haben.« Die so Bezeichneten traten vor und stellten sich ins erste Glied.

Über das unebene und schwierige Terrain, frontal gegen Hohlweg, Artillerie, Arkebusiere und Landsknechte (welch letztere in gedrängter Formierung ganz hinten standen) setzten sich darauf die Kolonnen in Bewegung. Wie gewöhnlich konnte Gewehrfeuer sie nicht aufhalten. Sie erreichten den Hohlweg, ihre Spitzen stiegen in ihn hinab und nahmen bald die Kanonen. Aber es zeigte sich, daß sie eingebaut waren und also nicht umgedreht werden konnten. Und nun wurde das Erklettern des jenseitigen steilen Abhanges eine schwierige Aufgabe, denn das feindliche Gewehrfeuer kam aus kurzem Abstand. Dennoch, wenn auch mit großen Verlusten, ging es schließlich voran. Aber in diesem Augenblick machten die Landsknechte einen Gegenangriff, und die Schweizer wurden in den Hohlweg zurückgeworfen. Sie wiederholten ihren Versuch noch einmal; aber nun standen die Landsknechte dicht am Rande des Hohlwegs und hatten den Vorteil, mit ihren Spießen abwärts zu stoßen, während die Schweizer bergan keine Wucht im Angriff entwickeln konnten. Winkelried und Frundsberg sollen sich von Angesicht zu Angesicht gegenübergestanden und einige Zurufe gewechselt haben; sie waren einst im Dienste des Kaisers Waffenbrüder gewesen.

»Du alter Gesell, find ich dich da!« rief Winkelried. »Du sollst von meiner Hand sterben.«

»Dir soll's widerfahren, will's Gott!« rief Frundsberg. Winkelrieds Hellebarde verwundete ihn am Bein, aber Winkelried selbst sank, von mehreren Speeren durchbohrt, tot nieder, und fast alle Hauptleute der Schweizer fielen mit ihm. Montmorency wurde von einigen Pagen bewußtlos aus einem Haufen von Leichen hervorgezogen und fortgeschafft; eine Generation später war er eine führende Persönlichkeit in Frankreich und fiel siebzigjährig gegen die Hugenotten bei Saint Denis 1567.

Erst als die Schweizer gegen dreitausend Mann verloren hatten, gaben sie ihren Versuch auf und gingen den Weg zurück, den sie gekommen waren. Überlebende von Appenzell berichteten nach Hause, daß der Angriff mißlungen sei, weil an diesem Tage »der Nachdruck nicht der beste« gewesen sei. Nachdruck war bei Landsknechten und Schweizern eine technische Bezeichnung, die einen höchst konkreten Sinn hatte. Damit war nämlich der Druck gemeint, den die weiter rückwärts Stehenden, die ihre Spieße noch nicht brauchen konnten, mit den Schultern auf die vorderen Reihen auszuüben hatten, um so den Druck des ganzen Heerhaufens auf einen widerspenstigen Feind zu vergrößern, sobald die Waffen gekreuzt worden waren. An jenem Tage wurde der Nachdruck durch den Hohlweg gebrochen, und darin lag für die schlichten Männer von Appenzell die einzige Ursache des Mißlingens.

Schweizer und Landsknechte sind einander später noch oft begegnet, und bei ungefähr gleich verteilten Kräften fiel der Sieg meist den Schweizern zu. Auch während der Hugenottenkriege übertraf ihr Mut nach allgemeinem Urteil den aller anderen. Aber obgleich sie ein Geschlecht von härtestem Holz waren, hatte die Hekatombe im Hohlweg ihnen doch zu dauernder Warnung gereicht, und sie haben hinfort nie wieder einen ganz so übermütigen Ansturm versucht wie bei Bicocca.

Sofern die indische Geschichte nicht von Europa beein-
flußt ist, führt ihr Studium unausbleiblich zum Eindruck,
daß hier das Vergangene in Zeitlosigkeit begraben liegt
und vom Wachstum der Tropen längst überwuchert ist:
vergessen für immer und ohne auch nur einen Schein von
Zusammenhang mit der Gegenwart, ja selbst ohne Voraussetzung, einen solchen Zusammenhang je zu konstru-
ieren. Mit trüber Nachdenklichkeit starrt die Wissenschaft hinab in diese Einöde von zerschmetterten Reichen
und Zeitaltern; spärlich erhellte oder ganz und gar dunkle
Perioden gibt es hier reichlich, und nur wenige kurze
Zeitabschnitte sind es, die dem Zurückblickenden ein etwas deutlicheres Bild geben. Ja selbst der Begriff einer
indischen Geschichte kann gewissermaßen als ein Wider-
spruch in sich selbst aufgefaßt werden, so geschichtslos
ist Indien.

Damit ist nicht nur gemeint, daß die Quellen unzurei-
chend sind und daß historisches Interesse und eine historische Literatur bei den Hindus kaum je existiert hat,
sondern auch, daß hier alle Zeitalter in chaotischer Form-
losigkeit durcheinanderlaufen, als verhöhnten sie alle Ge-
staltungen und Synthesen, die im Gesichtskreis Europas
Geltung haben. Indiens Klio – eine geheimnisvolle und in
sehr viele Schatten gehüllte Gottheit – hat für westlän-
dische Geschichtsphilosophie und Systematik, für evo-
lutionistische Denkweise und Fachausdrücke nur ein
erschreckendes Lächeln.

Nichts zeigt klarer, wie wenig Interesse die in Grübeln
über höhere Dinge versunkene indische Seele für die Zusammenhänge der Sinnenwelt übrig gehabt hat, als die
Tatsache, daß der Forscher, der sich mit den älteren Zeit-
abschnitten der Geschichte befaßt, unter ungefähr dreißig

verschiedenen Zeitrechnungen sich zurechtfinden muß, von denen eine jede nur ganz kurze Zeit in Brauch gewesen ist. Es ist, als hätte in Indien die Zeitrechnung in den Händen sehr zerstreuter Leute gelegen, in den Händen von Philosophen vielleicht, die am Webstuhl der Zeit den Einschlag gesucht, dabei aber sich verwirrt und verwikkelt und resigniert immer wieder von neuem begonnen hätten.

Aber moderne historische Forschung kennt keine Resignation. Wie Midas alles zu Gold machen konnte, so kann sie alles zu Geschichte machen: Gebetstreifen, Verzierungen von Tongeschirr, Sprachforschung, Küchenabfall und altes Kupfer, und ganz allmählich ist dabei ein schwacher Lichtschein oder wenigstens etwas Dämmerung auch auf Indiens Vorzeit gefallen.

Es verbietet sich von selbst, diese Vorzeit in ähnlicher Weise wie die assyrische oder ägyptische erstehen zu lassen. Man ist jetzt vielfach imstande, über Pharaonen und Großkönige Monographien zu schreiben, sie mit den zugehörigen Stammtafeln, Verordnungen, Tributlisten und Feldzugskarten zu versehen und mit Abbildungen der königlichen Personen und deren Umgebung herauszugeben. In Indien aber haben Umstürze und feindliche Einfälle im Bündnis mit einem zerstörenden Klima viel gründlicher mit allem aufgeräumt, was es an derartigem Material dort gegeben haben mag. Dabei wurden Königreiche zu blutlosen Schatten, Dynastien zu bloßen Namen, und nur in günstigsten Fällen ist der eine oder andere Herrscher als verstümmelter Torso oder als halbverwischtes Bild auf einer Münze der Nachwelt überantwortet worden. Die historischen Persönlichkeiten, die man einigermaßen deutlich unterscheiden kann, bevor die Mohammedaner einfielen, sind daher leicht gezählt – mit den Mohammedanern setzt die Tätigkeit arabischer und persischer Chronisten ein. Indiens Vorzeit würde einem Plutarch oder Carlyle nicht viel Stoff bieten, und doch fehlt es dieser entlegenen und summarischen Geschichte nicht an interessanten Zügen; es ist, wie wenn man eine Landschaft durch einen umgekehrten Feldstecher betrachtet: Die Konturen treten merkwürdig geschlossen hervor, und die Gegenstände erhalten durch ihre Verkleinerung einen seltsamen Schimmer unveränderlicher Erhabenheit.

Ohne große Übertreibung kann man sagen, daß Indiens Geschichte die Geschichte seiner Invasionen ist – Invasionen sowohl von den nördlichen Bergen aus, was als das Normale gelten muß, als auch, in späteren Jahrhunderten, vom Meere her. Indien gleicht dem antiken Italien zur Zeit, da es zwischen Galliern und Germanen einerseits und hellenischen und punischen Kolonisten andererseits eingepfercht war – einem Italien ohne Rom.

Für unsere Augen beginnt Indiens Geschichte mit der arischen Einwanderung, einer bedeutungsvollen und dunklen Epoche, deren Zeitpunkt die Gelehrten zu erraten versuchen. Ungefähr zweitausend Jahre vor Christus, meinen die einen; andere kommen mit phantastischeren Zahlen, die an astronomische Berechnungen erinnern.

Die arischen Einwanderer unterwarfen sich zunächst das Industal. Unter Kämpfen mit den »Stupsnasen«, wie sie in ihren Liedern die Ureinwohner nennen, drangen sie dann allmählich nach Süden und Osten vor. Dank der Vedaliteratur weiß man um die Kulturgeschichte dieser Periode einigermaßen Bescheid; dagegen sind Nachrichten über die politische Geschichte um so spärlicher. Es scheint, daß man ein lärmendes und breites Heldenleben gelebt und seine Freude gehabt hat an Krieg und Viehzucht, Glücksspiel und Liedern; man verehrte starke und joviale Götter, die zu Gefräßigkeit und Trunk neigten und die erst später von einer verdüsterten Volksseele zu den asketischen und spitzfindigen Figuren der brahmanischen Theologie umgeschaffen wurden.

Die folgenden Zeitalter zeigen sich uns hauptsächlich

von religiöser und philosophischer Seite; die besonderen ethischen und sozialen Eigentümlichkeiten der indischen Volksgemeinschaft erhalten von Priestern und Kleinkönigen allmählich ihre Form, und halbmythische Propheten erleben die weltumfassenden, himalajaartigen Gedanken, die in den Upanischads bewahrt sind.

Nach und nach wird ganz Nordindien von den arischen Einwanderern unterworfen; der politische Schwerpunkt rückt immer mehr nach Osten, und im Gangestal etablieren Erobererstämme ihre kleinen Reiche. Die Schilderung der Kämpfe zwischen zweien von diesen Stämmen zieht sich wie ein roter Faden durch Indiens unförmiges Nationalepos, das ›Mahabharata‹; im übrigen handelt dieses Gedicht mit Vorliebe von allerlei anderem; seine historische Zuverlässigkeit hält man nicht für groß.

Im siebenten vorchristlichen Jahrhundert werfen die buddhistischen und dschainistischen Schriften einiges Licht auf die politischen Verhältnisse weiter östlich, nach Bengalen zu. Als Schauplatz von Buddhas und Mahaviras Wanderungen werden Reiche mit stolzklingenden Namen – Magadha, Kosala, Malla – für kurze Augenblicke sichtbar, und der Beschützer dieser Philosophen, König Bimbisara von Magadha, nimmt sich patriarchalisch aus wie ein Roi d'Yvetot. Diese Atmosphäre des Friedens ist jedoch wahrscheinlich nur ein durch buddhistische Ideenverbindung hervorgerufener, trügerischer Schein, denn nach kurzer Zeit sieht man diese Reiche sich gegenseitig verzehren; schon ein Jahrhundert nach Buddha wird der größte Teil des Gangesbeckens von einem (laut buddhistischer Darstellung) besonders bösartigen und verkommenen Herrscherhause regiert: von der Nandadynastie, die ein eisernes Zepter führt.

Plötzlich geschieht etwas in dieser Welt der Schatten; für einen Augenblick hebt sich die Nebeldecke; über die Berge im Nordwesten fällt helles Tageslicht; die Hohlwege hallen wider vom Marschtritt mazedonischer Syntagmen, und – Alexander taucht auf. Mit der Hand die Augen beschattend späht er aus, ob denn nicht bald das Ende der Welt erreicht ist.

Alexanders Auftreten ist das erste sichere Datum in der Geschichte Indiens. Die erzürnten Fürsten des Pandschab eilen mit ihren Elefanten und Streitwagen herbei, und mit diesem Wespenschwarm schlägt Alexander sich eine Weile munter herum. In offener Feldschlacht vernichtet er den betriebsamen König Poros und beginnt darauf, gegen den Ganges vorzurücken, denn ihm liegt daran, die Hand auf das große Reich der Nanda zu legen, von dem Gerüchte zu ihm gedrungen sind. Da aber machen seine müdegelaufenen Gardisten unter Krateros und Polysperchon am Hyphasis fluchend halt; sie sind der tropischen Regengüsse überdrüssig und der Meilensteine, die nie ein Ende nehmen wollen. Denn so unterhaltend es für einen Alexander oder einen Napoleon sein mag, die Welt zu erobern, so einförmig wird das auf die Dauer für die Infanterie. Traurig baut Alexander am Fluß zwölf riesige Grenzaltäre und kehrt um; er muß sich auf die Eroberung des Industales beschränken und will sich nicht trösten lassen durch die Meinung seiner Geographen, daß er ja doch weiter vorgedrungen sei als sogar Herakles und Dionysos!

Nach seinem Tode versuchte der unternehmendste seiner Diadochen, Seleukos Nikator, einen neuen Einfall in Indien, wurde aber zurückgeschlagen. Er tauschte darauf Alexanders indische Provinzen gegen fünfhundert Kriegselefanten ein, die er gegen seine Kollegen in Syrien zu verwenden dachte. – Wenn auch Alexanders indischer Feldzug keine weitgehenden Folgen gehabt hat, so hat er doch dazu geführt, daß Elefanten in den Mittelmeerländern modern wurden: Schon Pyrrhus nahm sie nach Italien mit. Auf diese Weise erhielten die Armeen der hellenistischen Zeit ein pomphaftes, orientalisches Gepräge.

Kurz nach Alexanders Einfall kam das große Mauryareich zur Blüte, das erste auf indischem Boden, von dem man Genaueres weiß. Tschandragupta, sein Begründer, stürzte das alte Geschlecht der Nanda, schuf eine starke Militärmacht und legte den größeren Teil Indiens unter sein Zepter. Seine Erfolge beruhten zum Teil auf der äußerst vorurteilslosen Staatskunst seines Ministers Tschanakya. Dieser Minister hat eine Staatslehre, ein Handbuch der Tyrannei, hinterlassen, das uns bewahrt geblieben ist; nach einigen Zitaten zu urteilen, hätten weder Machiavelli noch Philippe de Commynes hier etwas Nennenswertes hinzufügen können.

Die Hauptstadt des Mauryareiches war Pataliputra am unteren Lauf des Ganges; hier lebte als seleuzidischer Gesandter der Grieche Megasthenes. Er hat das Standardwerk der Antike über Indien geschrieben.

Nachdem Tschandragupta lange und erfolgreich als strenger Tyrann geherrscht hatte, dankte er ab, wurde Dschainamönch und gab sich schließlich, wie das der Brauch dieser Sekte ist, durch freiwilliges Hungern den Tod – ein Sulla oder Karl V. in orientalischer Version.

Sein Enkel war der große Asoka, eine der merkwürdigsten Gestalten der Geschichte und der einzige frühindische Herrscher, der persönliche Züge trägt. Man hat seine zahlreichen Schrifttafeln über ganz Indien – von Afghanistan bis Mysore – verstreut gefunden: Ein Beweis, daß sein allindisches Kaiserreich von einer Ausdehnung war, wie sie hier vor der Herrschaft der Engländer nicht wieder erreicht worden ist. Asoka war Buddhist und bemühte sich eifrig, die Ethik dieser Lehre zu verwirklichen. Seine Edikte enthalten viele Ermahnungen zu Rechtlichkeit und Milde, sie atmen aufrichtige Frömmigkeit und Selbstlosigkeit, wie das selten ist bei einem asiatischen Despoten. Trotz seiner idealen Gesinnung war Asoka tüchtig als Regent; darin unterscheidet er sich scharf von einer so verwandten Seele wie dem Ägypter Echnaton, der ebenfalls ein großer Moralist und Ideologe, als Herrscher aber ein trauriger Stümper war.

Asokas Verwirklichung von Rechtlichkeit und Frieden war, wie bisher alle derartigen Versuche, nur von kurzer

Dauer. Nach seinem Tode zerfiel das Mauryareich, und eine Zeit der Kriege und Wirrungen begann. Das Land wimmelte von Kleinfürsten, und über die Grenzen trieb allerhand loses Volk herein. Einige griechisch-baktrische Abenteurer tummelten sich unter recht wirren und unklaren Verhältnissen im Induslande umher; sie gründeten Kleinstaaten, lehrten die Inder hellenistische Bildhauerkunst und bekämpften sich gegenseitig. Diese Schmerzenskinder der Chronologen sind uns heute alle völlig unbekannte Größen, dabei aber, dank ihrer elegant geprägten Münzen, achtbare Namen auf dem Gebiet der Numismatik.

Damals drängten auch raubhungrige Parther und Saker über die Pässe, aber gleich nach Beginn unserer Zeitrechnung wurden sie alle von türkischen Stämmen, Yueh-chi genannt, hinweggefegt. Diese Türken operierten in großem Stil und unterwarfen fast ganz Hindustan. Nachdem sie einige Generationen lang das Land mit Schwert und Reitpeitsche regiert hatten, begann der Verfall, sie wurden versprengt und vertrieben; und dann hebt mit dem nordindischen, nationalen Guptareiche politisch und kulturell ein goldenes Zeitalter an, das sich über das vierte und fünfte Jahrhundert erstreckt. Hervorragende Monarchen, die wieder in der alten Residenz Pataliputra hofhielten, regierten mit Weisheit und Toleranz, Friede herrschte im Lande, Klöster und Philosophenschulen blühten. Es war das klassische Zeitalter für Architektur und Drama; am Hof der Gupta lebte Indiens größter Dichter: Kalidasa. Buddhistische Wallfahrer aus China durchquerten das Land, um heilige Texte zu suchen oder um dem Weg der gesegneten Füße zu den heiligen Orten des Buddhismus zu folgen. Sie haben Reiseberichte hinterlassen, die vom Wohlstand des Landes und von seiner hohen Kultur zeugen. Generationen von tüchtigen Herrschern gaben dem Glanz des Guptareiches Bestand; dann kamen die Hunnen, und alles brach zusammen.

Man kann sagen, daß Indien insofern Glück mit den

Hunnen gehabt hat, als es mit der Aristokratie und Blume dieser Rasse zu tun bekam; denn die Scharen, die unter Attila und Baian über Europa hinritten, sind als ein höchst zottiges und dunkelfarbiges Gefolge im Bewußtsein des Abendlandes haften geblieben, wogegen die Horden, die sich südwärts wandten, um ihre anmutigen Lebensformen an Hindustan auszuteilen, den bezeichnenden Beinamen »die Weißen« erhalten haben. Ihr größter Häuptling hieß Miharagula, was »Sonnenblume« bedeuten soll; warum er so geheißen hat, ist unklar, denn etwas Blumenhaftes hat man seinem Wesen nicht anmerken können; vielleicht gehörte er einer brandgelben Variante an. Das Regiment der weißen Hunnen war bei alledem schrecklich genug, so daß alles, was das Land an letzten Hilfskräften noch besaß, sich zusammenschloß, und das ließ die Hunnen endlich auch auf indischem Boden ein katalaunisches Feld erleben.

Eine Zeitrechnung, etliche Silbermünzen, dazu allerlei Legenden von Grausamkeit und Blutdurst hinter sich zurücklassend verschwindet die »Sonnenblume« mit ihren weißen Hunnen wieder im Dunkel, und ein Gewimmel von Kleinfürsten nimmt sich des Landes an. Trotz allem haben diese hunnischen Einbrecher nicht einzig und allein Verderben gestiftet. Sie haben auch ihr Gutes gehabt, wenn die Behauptung einiger Forscher stimmen sollte, daß die Radschputer – einer der besten indischen Stämme – von den Hunnen oder einem Volk in deren Gefolge abstammen. Die Radschputer bewahrten sich die kavalleristischen Neigungen ihrer Väter und haben eine hervorragende Rolle in der indischen Geschichte gespielt. Sie sind eine martialische und stolze Rasse. »Fürstengunst«, sagt ein geistvoller Schilderer des radschputischen Gentleman, »kann ihn nicht erhöhen, die Freundschaft eines Bettlers kann ihn nicht herabsetzen: Er ist ein Rathor-Radschput; er kann nie mehr, er kann nie weniger sein.«

Auf die Hunnenherrschaft folgte eine dunkle Periode. Das Zeitalter der Hindu wird an seinem Schluß von verwickelter Kleinstaatengeschichte ausgefüllt, die sich bis ins elfte Jahrhundert erstreckt. Trotz Unordnung und Bürgerkrieg sollte es sich später, als Indien unter Allahs Hand gekommen war, wie ein reizendes Idyll ausnehmen.

Mit Sultan Mahmud von Ghazni, »Gottes Schatten auf Erden«, und seinen Koran zitierenden Räuberscharen brach um das Jahr eintausend das Geschlecht des dritten, des kupfernen Zeitalters wie ein Sturmwind über Hindustans Volk herein. »Männer von wilderer Sinnesart«, um mit Ovid zu reden, »und geneigt, von scharfen Waffen schnellen Gebrauch zu machen, aber doch nicht gerade Gesindel«. Das Programm der früheren Invasionen wurde nun mit religiösem Ausrottungskrieg kombiniert, wie eifrige Mohammedaner ihn zu betreiben verstanden. Siebzehnmal, in siebzehn Feldzügen, fegte Mahmud über die Ebene hin und schickte Myriaden von Ungläubigen nach Gehenna. Jahr für Jahr kehrte er beutebeladen nach Ghazni heim, um dann den Lobpreisungen seiner Dichter und Theologen zu lauschen.

Mahmud ist eine hervorragende Gestalt aus den besseren Zeiten des Islam: von türkischer Rasse, beschränkt, grausam und kraftvoll, ein großer Krieger; eifernd für seinen neuerworbenen Glauben und aus Ehrgeiz und Eitelkeit ein Beschützer von Literatur und Wissenschaft. In der Geschichte wird er – vor allem seiner humanistischen Interessen wegen – auch wohl »der Große« genannt. Ghazni war der kulturelle Mittelpunkt jener Zeit, wo die großen Namen der Literatur sich sammelten. Mahmud begünstigte das; er zeigte dabei aber oft eine recht harte Hand, denn er betrieb die Sache mehr vom Menageriestandpunkt aus: Hatte er irgendeine persische Stadt erobert, so ließ er deren Gelehrte und Dichter einberufen und schleppte sie mit sich nach Hause, jene mochten wollen oder nicht. Der große Philosoph Avicenna, der mehrere Male abgelehnt hatte, nach Ghazni zu kommen, den

Mahmud aber um jeden Preis seiner Akademie einverleiben wollte, wurde schließlich von den Gendarmen des wißbegierigen Sultans durch mehrere Fürstentümer gejagt, bis es ihm endlich mit Mühe glückte, sich bei einem Dynasten am Kaspischen Meer zu verstecken.

Bekannt ist Mahmuds Handel mit dem größten Dichter Persiens, Firdusi. Dieser kam nach Ghazni und machte sich daran, das Heldengedicht des Iran, das ›Buch der Könige‹, das ein anderer Dichter begonnen hatte, zu vollenden. Als Mahmud ihn die erste Probe seiner Arbeit vorlesen hörte, erklärte er, jeder Doppelvers des Gedichtes sei ein Goldstück wert. Zufrieden mit dieser Einschätzung arbeitete Firdusi siebenunddreißig Jahre lang an dem Gedicht, ohne mit Doppelversen zu sparen. Diese wuchsen schließlich zu einer Anzahl von siebenundsechzigtausend an, worauf Firdusi das fertige Meisterwerk vorlegte. Mahmud, der Zeit gehabt hatte, alt, reich und geizig zu werden, brach sein Versprechen; er ließ allerdings siebenundsechzigtausend Geldstücke auszahlen, aber in Silber statt in Gold. Gekränkt schenkte Firdusi dieses lumpige Trinkgeld seinem Bademeister und Koch, worauf er sich knurrend vom Hofe entfernte. Sobald er sicheren Abstand gewonnen hatte, verfaßte er ein leidenschaftliches Schmähgedicht gegen Mahmud, in dem er ihn als Geizhals und als Sohn eines Sklaven beschrieb und ihm allen Sinn für Poesie absprach. Dieses Gedicht gewann schnell den Ruf, eine der glücklichsten Schöpfungen des alternden Meisters zu sein, und bald ging es in allen literarischen Weinstuben zwischen Nischapur und Bochara von Mund zu Munde. Mahmud überwand nun seinen Geiz und setzte einen hohen Preis auf den Kopf seines abtrünnigen Panegyrikers; aber Firdusi war auf der Hut und brachte es trotz allem fertig, eines natürlichen Todes zu sterben.

Es gibt noch eine andere Geschichte von Mahmud, die zeigt, daß er für Poesie nicht unempfindlich war und daß er die Frauen mit langem Haar mochte. Als eine seiner

Lieblingsfrauen bei einem nächtlichen Fest vor ihm getanzt hatte, schnitt er ihr in trunkener Ausgelassenheit mit seinem Hirschfänger das Haar dicht hinter den Ohren ab und freute sich über das erreichte Resultat; aber als er am Morgen nüchtern aufwachte und sein Werk erblickte, überfiel ihn solche Trauer und Reue, daß es gefährlich war, sich ihm zu nähern. Erst als sein Poeta laureatus, der große Unsuri, vor ihn hintrat und ihm ein kleines improvisiertes Trostgedicht sagte, gelang es dem Sultan, sich mit den Folgen seiner unbedachten Barbiertätigkeit einigermaßen zu versöhnen. Jenes Gedicht war mit vielen geistreichen und witzigen Sentenzen verziert und gipfelte im Hinweis, daß auch die Zypresse nach dem Schneiden sich am besten macht.

Mahmud starb, wie er gelebt hatte, in großem Stil: Aufrecht auf seinem Thron, das Richteramt ausübend, mit dem Koran und dem Weinbecher in Reichweite und den Säbel auf den Knien. Im Vergleich zu den späteren mohammedanischen Herrschern, die vor der Mogulzeit in der indischen Geschichte figurieren, war er ein hervorragend guter und weiser Monarch.

Mehrere seiner Nachfolger, die über ganz Nordindien herrschten, gehören nämlich zu den ganz besonders verwilderten Charakteren der Geschichte, und die nun folgenden Jahrhunderte rechnen mit zu den schlimmsten, die das geplagte Land hat durchmachen müssen. Das Volk wurde rücksichtslos ausgesogen und geplündert; auf seiten der rechtgläubigen Herrscher bestand das Prinzip, daß schon die bloße Erlaubnis zu leben als eine den Ungläubigen erzeigte Gnade aufzufassen sei. Unter den verschiedenen Konstellationen seltsamer Schurken flammt im vierzehnten Jahrhundert wie ein böser Stern erster Größe Sultan Tughlaq von Delhi auf. Weder Roms verrückte Cäsaren noch die italienischen Renaissancefürsten, die Burckhardt in seinem bekannten Buch unter dem Sammelnamen »Die großen Bösewichter« zusammenfaßt, halten den Vergleich mit ihm aus. Im Vollbesitz geistiger Klarheit und Energie war er verrückt, und seine Bosheit trat nicht gepaart mit persönlicher Lasterhaftigkeit auf, wandte sich also nicht selbstverzehrend gegen die eigene Wurzel. Muhammed ibn Tughlaq kam ganz einfach nicht auf den Gedanken, es zu machen wie Caligula, der kostbare Zeit mit Klagen darüber verschwendete, daß das Menschengeschlecht leider nicht bloß einen einzigen Hals besitze, sondern mit frischem Mut machte er sich an die vielköpfige Wirklichkeit. Er ließ bekanntgeben, daß er so lange mit Strenge gegen seine Untertanen verfahren würde, bis sie es sich abgewöhnt hätten, ihn zu hassen, und, routiniert wie er war, hielt er diesen unheilvollen Kreislauf sechsundzwanzig Jahre lang in Gang; worauf er ruhig in seinem Bette starb.

Er hatte sich ganz Indien unterworfen; nicht zufrieden damit beschloß er, auch China zu erobern, und schickte eine Armee dorthin aus, die jedoch in den Bergen erfror. Zehn Mann kehrten zurück; sie wurden unverzüglich enthauptet. Einmal war er der Einwohner seiner Stadt überdrüssig geworden, denn ihr Mißmut und ihr heimliches Getuschel ärgerte ihn. Er befahl, daß Delhi innerhalb von drei Tagen geräumt werden und die Bevölkerung sich nach einer neugegründeten Stadt, mehrere tausend Kilometer weit, begeben sollte. Als die Frist abgelaufen war, zeigte es sich, daß Delhi, bis auf einen Lahmen und einen Blinden, leer war. Der Sultan strafte diese beiden, indem er den Lahmen an den Schwanz eines Pferdes gebunden in die neue Stadt schleppen und den Blinden von einem Katapult in den Raum hinausschleudern ließ.

Als Literarkritiker war er streng. Selbst ein begabter und hochgebildeter Mann mit Interesse für Theologie, ein Experte persischer Metrik, hörte er gern Gelehrten und Dichtern zu; aber wenn an seinen Unterhaltungsabenden jemand langweilig vortrug oder seine Geduld durch mangelhafte Versform auf die Probe stellte, so klatschte er in die Hände nach dem Scharfrichter. Wie

Leonardo bei Cesare Borgia hielt sich der marokkanische Geograph Battuta mehrere Jahre bei diesem gefährlichen Mäzen auf, und gestützt auf des Sultans Freigebigkeit und wissenschaftliche Interessen kam er recht gut mit ihm aus. Die Reisebeschreibung dieses frommen Weltwanderers, die in französischer und englischer Übersetzung vorliegt, bietet eine Anzahl recht seltsamer Interieurschilderungen vom Hofe in Delhi.

Als der große Mongolensturm losbrach, blieb Indien anfangs verschont; Dschingis Khans Horden strichen mehr westlich in der großen Sturzwelle vorbei, die sie bis nach Schlesien und Dalmatien hinspülen sollte, und nur ganz vorübergehend, auf der Jagd nach fliehenden Sultanen, erschienen sie innerhalb der indischen Grenzen. Timur der Lahme jedoch, dessen kriegerische Operationen langsamer waren, nahm sich die Zeit, in die Ebene hinabzusteigen und Hindustan in der unzweideutigen Weise, die ihm geläufig war, seiner Interessensphäre anzugliedern. Delhi wurde erstürmt; hunderttausend abgeschnittene Köpfe stapelte man in Pyramiden auf und schleppte Sklaven und Beute heim nach Samarkand.

Diese beiden monströsen Greise haben die mohammedanische Welt rettungslos zur Wüste gemacht. In ihrem Umkreise ist es nur noch in zwei Fällen zu einer Art Blüte gekommen: bei den osmanischen Türken und unter den indischen Mogulherrschern, und es läßt sich vielleicht behaupten, daß die türkische Blüte einen vorwiegend kryptogamen Charakter gehabt hat.

Die Moguldynastie stammt von Timur ab und hat in gewissem Grade die verheerenden Taten des Stammvaters gutmachen können; Babur, ihr Begründer, war der Sohn eines obskuren Kleinfürsten in einem zentralasiatischen Splitter des zerfallenen Timurreiches. Wie ein zweiter Konradin – aber unter einem glücklicheren Stern stehend als dieser – beschloß er, sich im Süden ein ungewisses väterliches Erbe zu erkämpfen, und fiel mit einer kleinen kampftüchtigen Armee in Indien ein, wo pathanische Sultane sich etabliert hatten.

Babur ist eine sympathische Gestalt: ritterlich und waghalsig, energisch, militärisch geschickt, niemals verlegen um Auswege und mit der glücklichen Gabe einer gleichmäßigen Gemütsstimmung bei wechselnden Schicksalen und tollkühnen Unternehmungen. Im übrigen ist er einer der wenigen orientalischen Könige, die Memoiren hinterlassen haben. Von den in diesen Memoiren hervortretenden lyrischen und beschaulichen Zügen seines Charakters haben die Inder vielleicht nicht viel gemerkt: Babur, wie er gewöhnlich genannt wurde, bedeutet Tiger und ist ein Ehrenname, den er sich gefallen ließ. Auch er ließ nach altem Brauch die Köpfe seiner Feinde zu Pyramiden aufstapeln, wahrscheinlich aber tat er das weniger aus persönlicher Wildheit als aus Pietät gegen seinen Stammvater Timur, der in diesem Zweige orientalischer Baukunst Schule gemacht hatte. In jüngeren Jahren berauschte er sich gern; aber am Vorabend einer Schlacht, bei der für ihn alles auf dem Spiele stand, zerbrach er seinen Becher, ließ die Weinschläuche auslaufen, daß der Wein in die Erde rann, und schwor, von nun an nüchtern in den Kampf zu gehen – ein Versprechen, das er gehalten hat.

Als er – noch jung – starb, war er Herr über Hindustan.

Sein Sohn Humayun hatte große Schwierigkeiten zu überwinden, er wurde vertrieben, kehrte zurück und lebte auch nachher ständig in Wirrnis und Streit. Doch auf ihn folgten in gerade niedersteigender Linie die vier wirklichen Großmogule: Akbar – Dschahangir – Schahdschahan – Aurangzeb – alles sehr begabte und fähige Männer, die anderthalb Jahrhunderte lang, von 1560 bis 1707, erfolgreich regiert haben: eine im modernen Orient einzigartige Dynastie. Im siebzehnten Jahrhundert war der Name des Großmoguls von einem Nimbus umgeben, wie er sich nur mit dem des Großherren in Konstantinopel oder des allerchristlichsten Königs in

Versailles vergleichen läßt. An äußerem Glanz und Reichtum übertraf Schahdschahan jedenfalls alle mit ihm wetteifernden Zeitgenossen. Der französische Reisende Bernier, der das Land während Schahdschahans letzter Regierungsjahre besuchte, schildert die große Prachtentwicklung des ungeheuren Hoflagers, wenn es im Lande umherzog.

Gleichzeitig war die eingeborene Bevölkerung, wie gewöhnlich, recht übel daran, ohne daß der Herrscher oder seine in allen Farben des Regenbogens schimmernden Beamten sich Gedanken darüber machten, ob der einfache Mann wohl ein Huhn im Topf habe. Tatsächlich knickte der Mann aus dem Volke zusammen unter der Last der Eintreibungen für das Heer und den Hof; die Steuerbehörden jagten ihn mit Bluthunden, und er begrüßte den Hungertod als die ihm natürliche Todesart. Immerhin waren die Verhältnisse unter den Großmogul, verglichen mit der Zeit vorher und nachher, einigermaßen erträglich.

Akbar war als Mensch groß wie auch als Regent, und sein universaler Geist, der sich durch Eroberungen und Regentenpflichten nicht hinreichend beschäftigt fühlte, tastete sich unter melancholischen Grübeleien durch alle Lehrsysteme seiner Zeit hindurch, um schließlich eine eigene Religion zu erdenken.

Dschahangir gelang es bis zu einem gewissen Grade seinen Mann zu stehen, obgleich er durch Wein und Opium stark reduziert war. Zwei seiner Brüder sind am Delirium tremens zugrunde gegangen. Er hat von der Nachwelt den Ehrennamen »der Rechtschaffene« erhalten. Seine Memoiren, die fast ebenso interessant sind wie die des Sultans Babur, zeigen ihn – zwischen Ausbrüchen eines ärgerlichen Despotismus – als begeisterten Kunstkenner und großen Liebhaber der Natur. Er war, wie sein Vater, in religiösen Dingen tolerant und arrangierte gern am Hof kleine Synoden eigener Art, indem er mohammedanische, christliche und hindostanische Theologen zu frommem Zank, wie Kampfhähne, gegeneinander losließ.

Schahdschahan mit seiner Prachtliebe und seinem Epikureertum verkörpert am besten den traditionellen Typ des Großmoguls; sein Name ist vor allem bekannt durch seine Liebe zu Ardschumand Banu Bagam, der »Zierde des Palastes«, über deren sterblichen Resten er das vornehmste aller Mausoleen, Tadsch Mahal, errichtete. Im übrigen aber färben roher Verwandtenmord und seltsame Extravaganzen in Grausamkeit und Wollust die von ihm handelnden Anekdoten.

Mit Aurangzeb verebbte die Lebenskraft der Timuriden. Trotz eines achtenswerten Rests von Größe macht dieser letzte wirkliche Großmogul einen vorwiegend trübseligen und vertrockneten Eindruck. Ohne das vollblütige Temperament seiner Väter, aber ausgerüstet mit einem reichen Vorrat an Scheinheiligkeit, mordete er nicht direkt darauflos, sondern zog es vor, nachdem er durch eine verwickelte Reihe von Schurkenstreichen die Macht an sich gebracht hatte, seine Verwandten unter kalten Höflichkeitsbezeugungen zu entleiben. Dabei bediente er sich eines formal tadellosen Apparates von Scholastik und Korantexten. Nach und nach entwickelte er sich zu einem religiösen Fanatiker und lebte, boshaft und fromm und nicht unähnlich Ludwig XI. von Frankreich, in seinen späteren Tagen als strenger Asket. Er starb – ein verehrter Patriarch – mit neunzig Jahren und hinterließ das Reich seinen Söhnen, die unter seinem harten Regiment schlaff und unselbständig geworden waren.

Krachend fiel nun der Koloß des Mogulreiches zu Boden. Da den Historikern viele Einzelheiten zur Verfügung stehen, nimmt die nun folgende Zeit sich aus wie eine Orgie farbiger Schrecklichkeiten. Von langer Hemmung endlich gelöst, flammten alle bösen und anarchischen Mächte in tropischer Üppigkeit auf. Das Reich zerfiel in ein Durcheinander von mohammedanischen und hindustanischen Kleinstaaten, die nominell der Oberhoheit des Moguls unterstanden, ohne daß doch diese Fiktion ihren heißen Tatendrang im geringsten dämpfte.

In Westindien stand der Räuberbund der Mahratten hoch in Blüte und dehnte seine jährlichen Plünderungszüge bis nach Bengalen aus. Sikher, Radschputer und Dschater, jeder an seinem Ort, lauerten einander auf und brandschatzten den Mogul; und noch einmal, wie schon so oft bisher, stiegen die Bergstämme in die Ebene hinab.

Thamasp Quli Khan, Nadir Schah genannt, ein Räuberhauptmann, der den Thron Persiens gewonnen hatte, kam zuerst. Er schlug die Streitkräfte, die ein kläglicher Mogul ihm hatte entgegensenden können, und zog in Delhi ein. Zuerst schüttelte er dessen verblüfftem Herrscher freundschaftlich die Hand, aber bald, als einige seiner Leute in einer Straßenschlägerei umgekommen waren, zeigte er ein anderes Gesicht und sah von seinem Throne her neun Stunden lang einem allgemeinen Morden zu. Mit der beweglichen Habe der Stadt, worunter auch Schahdschahans Pfauenthron sich befand, entfernte er sich schließlich, und nun kamen bald neue Scharen herbei, um zu bergen, was es als Nachernte hier etwa noch geben mochte. Fünfzig Jahre nach Aurangzebs Tode († 1707) schlugen sich schon Afghaner und Mahratten in richtiger Schlachtordnung dicht vor den Toren Delhis um das vor kurzem noch so glänzende Reich.

Aber da hatte schon die Ehrenwerte Ostindische Kompanie sich still ins Spiel gemischt; ein als Verkäufer bei ihr angestellter Gewürzkrämer, Robert Clive, hatte bereits den Gänsekiel mit der Waffe vertauscht, um nach Alexanders und Baburs Manier mit kleinen Mitteln große Dinge zu erreichen und den Grund zu einem neuen Imperium zu legen.

Wenn es den ersten Lesern von Coopers ›Lederstrumpf‹
scheinen mußte, als ob die Kämpfe zwischen Engländern
und Franzosen, die sich im 18. Jahrhundert in der Wildnis
Nordamerikas abspielten, für den Lauf der Welt von geringer Bedeutung gewesen seien, so wissen wir, die wir
hundert Jahre später leben, daß jene Vorgänge das Aussehen der Welt, so wie es heute ist, in hohem Grade bestimmt haben. Gerade in den Gegenden, die Schauplatz
des »letzten Mohikaners« und des »Pfadfinders« sind,
und durch die Begebenheiten, die den Hintergrund dieser
Werke ausmachen, – allerhand Scharmützel, Belagerungen und Blutbäder in Fehden zwischen Europäern und
Kolonisten, dazu Indianer, die auf beiden Seiten Verbün-
dete waren –, durch alles dieses entschied sich endgültig
die große Frage, ob zuletzt Franzosen oder Engländer als
die Herren des nordamerikanischen Erdteils dastehen
würden. Als der Marquis de Montcalm 1759 auf den
»Ebenen Abrahams« vor Quebec der Übermacht erlag,
hörte das »neue Frankreich«, wie Kanada damals genannt
wurde, auf zu bestehen. Ein Amerika, wie es aussähe,
wenn Frankreich damals gesiegt hätte, können wir uns
nicht vorstellen, aber gewiß ist, daß es dem Amerika von
heute sehr wenig gleichen würde.

Diese welthistorischen Entscheidungen fielen in einer
seltsam ansprechenden Arena: Es war eine jungfräuliche
Wildnis mit Seen und Urwald, mit Biberbächen und
Hochwildpfaden, und darüber hin zogen die Wildgänse.
Und auch den handelnden Personen fehlte es nicht an
eigenartigem Reiz. Bei dem tiefwurzelnden Mißtrauen
unserer Zeit gegen altmodische Romantik und deren ehr-
würdige Klischees ist man natürlich wenig geneigt, den
Bildern und Charakteren, wie mehr oder weniger kindli-

che Bücher sie bringen, größeren Wert beizumessen. Wie groß ist die Zuverlässigkeit eines solchen Romans, auch wenn er noch so gut ist in seiner Art? Wie war die Wirklichkeit, die dahinter stand? Wie machten sich diese berühmten Waldläufer und Rothäute in ungeschminktem Zustand, noch bevor Romanschriftsteller sich ihrer annahmen? Wenn man als Kind Freude an Cooper gehabt hat und durch irgendeinen Zufall sich der Existenz des großen amerikanischen Historikers Parkman bewußt wird, vertieft man sich einigermaßen neugierig in sein Werk. In zehn Bänden findet man dort eine erschöpfende Schilderung der nordamerikanischen Grenzkriege und die Geschichte der Pioniere der Wildnis, angefangen bei der ersten Landung der Franzosen bei St. Lawrence bis zum Untergang ihrer Herrschaft in Kanada. Ein besonderes Werk enthält, gleichsam als Epilog, den Krieg des Ottawahäuptlings Pontiac gegen die englischen Kolonien um 1760. Alle Bestandteile Cooperscher Romantik finden sich hier reichlich vor, und man sieht mit Befriedigung, daß sie auch in der Hand eines strengen Historikers ihren Zauber nicht verlieren.

Parkmans amerikanische Kritiker beschuldigen ihn häufig der Parteilichkeit zugunsten der Franzosen; es fällt deutlich in die Augen, daß er große Sympathie für sie hat und daß die meisten seiner weißrassigen interessanten Figuren Franzosen sind. Das beruht aber zweifelsohne darauf, daß die Franzosen tatsächlich die interessantesten Erscheinungen waren und jedenfalls die dankbarsten für den Erzähler. Sie hatten weit mehr Beweglichkeit und Abenteuersinn als die Bewohner Neu-Englands und besaßen eine individuelle, merkwürdige Fähigkeit, sich in der neuen Welt und ihrer jeweiligen eigentümlichen Umgebung zurechtzufinden. Die Puritaner Neu-Englands begnügten sich damit, sich zu vermehren und unter prosaischen Formen Leben in ihre Kolonien zu bringen: Sie rodeten den Wald, trieben Ackerbau, verkauften den Indianern Branntwein und stritten sich mit dem Gouverneur aus dem Heimatland um Konstitutionen und Privilegien. Die Franzosen dagegen, weniger solide und graualltäglich, fühlten sich von der Wildnis angezogen und wurden als Missionare, Jäger und Pelzhändler an den weit abseits liegenden Lagerplätzen der Indianer heimisch. Sie heirateten gern Indianerfrauen (was sogar beim Adel keine Seltenheit war) und, ständig auf Streifzügen begriffen, die sich mehr und mehr gen Westen ausdehnten, scheinen sie in froher Zuversicht und mit selbstverständlichem Heroismus allzeit bereit gewesen zu sein, sich in die unglaublichsten Abenteuer zu stürzen.

Auf alle mögliche Weise haben sie dazu beigetragen, die Geschichte der Wildnis farbig zu gestalten. Neu-England hat kein Gegenstück zu den Jesuitenmissionaren Kanadas im 17. Jahrhundert. Ihnen hat Parkman einen besonderen Band gewidmet. Es waren eifrige, tapfere und hochgebildete Leute, die, halbverhungert, in stinkenden Wigwams sich mit dem Erlernen von Algonkin- und Irokesendialekten plagten, dabei Kranke heilten und mit dem Teufel um halsstarrige Seelen kämpften. In der Regel konnten sie sicher sein, früher oder später am Marterpfahl oder unter dem Messer eines festlich gestimmten Gemeindekindes ihr Ende zu finden. Pater Bréboeuf (in der Huronenmission) und Pater Joques (bei den Mohawks), deren Schicksale Parkman ausführlich beschreibt, sind Helden, die alle Leser mit Staunen und Bewunderung erfüllen dürften. Parkmans persönliches Interesse für Religion scheint überaus mäßig gewesen zu sein, aber er hat jeden, der ein tüchtiger Kerl war, hoch zu schätzen gewußt, gleichgültig, welcher Partei er angehörte oder ob er im Priestergewand einherging. Die warme Anerkennung, die dieser harte Puritaner für die heroischen Jesuitenväter in Kanada hatte, steht in scharfem Gegensatz zu seiner Verachtung der Quäker in Pennsylvanien. Im Rücken der kämpfenden Grenzbevölkerung verhielten sie sich nämlich steifnackig-pazifistisch. Nur einmal mildert sich ihnen gegenüber seine strenge Miene und verzieht sich zu einem schadenfrohen Lächeln, als nämlich eine besonders schwierige Situation die Quäker zwang, ihren Standpunkt, keine Waffen zu tragen, für einen Augenblick zu verlassen. So bekam Parkman Gelegenheit, eine Anzahl von schwertumgürteten und mit Musketen bewaffneten »Quäker-Kriegern« über sein Kriegstheater schreiten zu lassen.

Gegenüber den französisch-kanadischen Entdeckungsreisenden des 17. und 18. Jahrhunderts hatten die englischen Kolonien nichts Entsprechendes zu bieten. Sie hatten keinen Champlain, keinen La Salle, keinen Charlevoix oder La Vérendrey; keine so berühmten Parteileute und Meister in den Geheimnissen indianischer Kriegsführung wie Bonnot, Grey-Solon, du Luth, Repentigny, Hertel de Rouville und Saint-Luc de la Corne. Mancher dieser Franzosen, die bei Besuchen in der Heimat in Versailles das tadellose Benehmen eines Hofmannes zur Schau trugen, war daheim in der Wildnis Kanadas eine stark indianisierte Erscheinung. Überhaupt tragen die kanadischen Interieurs jener Zeit viele malerische Züge, weil die Franzosen allgemein geneigt waren, mit den Indianern wie mit völlig Gleichgestellten umzugehen – den Engländern darin so unähnlich wie nur möglich. Sie richteten sich in weitem Maße nach den Sitten der Eingeborenen, und auch was ihr eigenes Auftreten als Diplomaten betraf, zeigten sie sich den Indianern gegenüber äußerst entgegenkommend. Graf Frontenac, der hervorragendste Gouverneur des französischen Kanada, und der feingebildete General Marquis de Montcalm – beides vollgültige Repräsentanten des ancien régime – zogen sich bei mehr als einer Gelegenheit den Soldatenrock aus und legten ihr Ludwigskreuz ab, um in voller Ausrüstung von Federn, Ruß und gelbem Ocker den Kriegstanz heulender und springender Ottawa- und Menominikrieger anzuführen, wenn es galt, unentschlossene Stämme zum Ausgraben des Kriegsbeiles gegen die Engländer zu bewegen.

Wenn große Herren, die direkt aus der Heimat kamen, so weit zu gehen bereit waren, kann man sich vorstellen, welche Sitten und Gebräuche bei der zweiten und dritten Generation einfacher Kolonisten herrschten, die in ständiger Berührung mit den Ureinwohnern der Wildnis standen. Die Waldläufer kleideten und bemalten sich ganz allgemein nach Art der Indianer, und das Skalpieren war bei ihnen und auch bei anderen Weißen im Schwange. Diese Gewohnheit bestand auch bei den Engländern, was daraus hervorgeht, daß der humane General Wolfe auf dem Feldzuge gegen Montcalm 1759 seinen kolonialen Miliztruppen befahl, nur von den Köpfen indianischer Gegner Skalpe zu nehmen.

Aus den Ehen zwischen Franzosen und Indianerfrauen gingen seltsame Produkte hervor, in denen die äußersten kulturellen Gegensätze sich begegneten. Ein gewisser Joncaire war zu Montcalms Zeit Offizier und diplomatischer Agent Frankreichs, und zugleich spielte er durch seine mütterliche Abstammung eine führende Rolle bei den Ratsfeuern des mächtigen Senecastammes. Ein anderer Zeitgenosse vereinte in seiner Person die Würde eines französischen Barons und Leutnants mit der eines Kriegerhäuptlings der Abenaki, die ihre Zelte im heutigen Staate Maine aufgeschlagen hatten.

Die Niederlage der Franzosen besiegelte das Schicksal sowohl des amerikanischen Urwaldes wie des roten Mannes. Aus menschlichen oder sozialen Gründen kann man das Verschwinden der Indianer nicht beklagen, aber man kann darüber trauern wie über das Ausrotten so stattlicher wilder Tiere, wie Tiger, Luchs und Königsadler es sind. Wie diese Rothäute aus der Gegend der großen Seen durch Parkmans langes Epos einherschreiten – eine Reihe dunkler Profile aus verschiedenen Stämmen, für das Auge des Zuschauers jedoch einander gleich – grotesk, stolz, schreckeinjagend, gemessen-würdig und gedankenlos-naiv; beherrscht von Impulsen, die ihnen selbst Geheimnis bleiben, unzähmbar, ein unlösliches Konzentrat von

Wildheit, Seelen von Bronze und Stein –, so zeigen sie sich mörderischer, als eine überspannte Phantasie sie hervorrufen könnte. Aber auch Tiger und Luchs sind Raubtiere, und doch sind sie, allerdings nur aus gewisser Entfernung, anziehend in ihrer Art. Diese schrecklichen Söhne der Wildnis könnte man sowohl tragische wie edle Gestalten nennen: Tragisch, weil sie sich nicht beugen und anpassen konnten und daher untergehen mußten mit ihrem ursprünglichen Milieu; edel, nicht wegen ihrer Moral und Taten, die gewöhnlich so unedel wie nur möglich waren, sondern weil etwas in ihrem eigensten Wesen die geschlossene Vollendung in Form und Typ darstellt.

Darum bleiben sie für alle Zukunft höchst romantisch, selbst bei Parkman, der sie mit nüchternem Realismus zeichnet. Als Aristokraten reingezüchteter Barbarei stehen sie da – was nicht hindert, daß man beim Lesen seines Werkes voll einsieht, wie berechtigt ein Sprichwort der Neusiedler Amerikas war, das behauptete: Der gute Indianer sei der tote Indianer.

Irgendein Beispiel dafür, daß Indianer sich freiwillig oder gewaltsam für Kultur haben gewinnen lassen, findet sich bei Parkman nicht; sie nahmen bereitwillig die Zivilisationsprodukte an, die sie brauchen konnten: Schießwaffen, Äxte, Decken und Branntwein. Alles, was darüber hinausging, lockte sie nicht. Nach und nach ließ sich eine Anzahl von den Missionaren taufen, und man konnte sie sogar dazu bewegen, sich in einigen von Priestern geleiteten Ansiedelungen in der Gegend von Montreal niederzulassen; aber ihr Christentum bestand hauptsächlich in Taufe und Bekreuzigungen und einigen wenigen Zeremonien einfachster Art. Von allen anderen kulturellen Elementen hielt die französische geistliche und weltliche Obrigkeit sie sorgfältig fern, denn ihr großer Nutzen im Krieg gegen die Engländer durfte nicht Schaden leiden. Wenn diese sogenannten Missionsindianer an den Grenzen der englischen Neusiedelungen losgelassen wurden, mordeten und skalpierten sie ebenso unverdrossen mit dem Segen ihrer Seelsorger wie ihre unbekehrten Stammesbrüder.

Es finden sich bei Parkman viele Beispiele dafür, daß Weiße völlig indianisiert worden sind, daß sie vollständig eins wurden mit der Welt der Wildnis; das ist natürlich der leichtere Prozeß. Kinder und junge Frauen, die bei Überfällen auf Siedlungen als Gefangene mit fortgeschleppt und nachher von dem Stamm, dem sie zufielen, adoptiert worden waren, sind in der Regel im Lauf von wenigen Jahren seelisch zu Indianern geworden und haben sich geweigert, ausgelöst zu werden und zu ihren Verwandten zurückzukehren. Aus Neu-England geraubte Knaben sind in mehreren Fällen später in Kanada Indianerhäuptlinge gewesen.

Typisch ist die Geschichte von Eunice Williams, der Tochter eines Geistlichen, über die besonders ausführliche Berichte vorliegen. Mit ihren Eltern und vier Geschwistern wurde sie im Alter von acht Jahren von Indianern aus der Ortschaft Deerfield in die Gefangenschaft geführt. Mitten in der Winterkälte mußten sie an einer monatelangen Wanderung teilnehmen, bevor die Bande ihre heimatlichen Gefilde erreichte. Schwächere Frauen und Kinder, die nicht folgen konnten, wurden unterwegs von ihren indianischen Besitzern getötet. Pastor Williams und vier seiner Kinder überlebten die Strapazen. Der Pastor selbst wurde nach einiger Zeit gegen einen Seeräuber ausgetauscht, der in Boston gefangen saß, und nach großen Anstrengungen und dank der Beihilfe der französischen Behörden gelang es ihm schließlich, drei seiner Kinder zurückzuerhalten. Seine Tochter Eunice jedoch, auf die er besonders stolz war, weil sie den Katechismus auswendig konnte, bekam er nicht wieder, denn der Seelsorger der Missionsindianer, denen sie gehörte, hatte den Wunsch, sie im katholischen Glauben zu erziehen.

Den Katechismus und ihr Englisch vergaß sie bald. Sie wurde mit einem Indianer verheiratet und bekam eine Anzahl Kinder. Im Alter von vierzig Jahren besuchte sie mit ihrem indianischen Mann ihr Heimatdorf und ihre Verwandten, und bei dieser Gelegenheit versuchte man vergeblich, sie zum Dableiben zu bewegen. Man brachte sie soweit, daß sie – mit einem Frauenrock bekleidet – eine Predigt anhörte, aber nachher riß sie sich ungeduldig die Röcke ab, nahm ihre Lederkleider und Decken und kehrte zu ihrem Stamm in Kanada zurück, wo sie ein hohes Alter erreichte und bis zuletzt eine echte Indianerin blieb.

Parkman berichtet auch von erwachsenen Weißen, die ein Opfer der Wildnis geworden sind. Dabei ist zu beachten, wie die Indianer sowohl ihre weißen wie ihre rothäutigen Gefangenen behandelten. Hatte man so viel, als der Brauch vorschrieb oder die Umstände verlangten, unter durch und durch teuflischen Formen zu Tode gemartert oder getötet, so wurde der Rest – in erster Linie Frauen und Kinder – adoptiert und dem Stamm völlig gleichgestellt.

Als der große Krieg Pontiacs sein Ende gefunden hatte und die Delawaren des Ohiotales mit den englischen Kolonien Frieden schlossen (1760), mußten sie alle Gefangenen ausliefern, die sie während ihrer mehrjährigen verwüstenden Kriegszüge fortgeschleppt hatten. Auf einer bestimmten Waldlichtung trafen die friedenschließenden Stämme mit den Beauftragten der Kolonisten zusammen, und mit diesen waren viele Ansiedler erschienen, die verlorene Verwandte suchten.

Während die Häuptlinge und Krieger dastanden und vollständig gleichgültig (wie das erwachsenen Männern bei Geschäften von so untergeordneter Bedeutung ansteht) zuschauten, gingen die Weißen unter der Schar der Frauen und Halbwüchsigen suchend umher. Trotz der indianischen Tracht und trotz Ruß und Zeltrauch gelang es ihnen, eine Anzahl von Frauen und Kindern zu identifizieren, die einige Jahre vorher bei Feuerschein und unter blutigen Szenen aus brennenden Ortschaften an den Haaren fortgeschleppt worden waren. Aber diese Frauen waren nun völlig dem Stamm einverleibt und weigerten sich, ihre Väter und weißen Ehemänner wiederzuerkennen. Viele, die man den Indianern nur mit Gewalt entreißen konnte, entflohen bei der nächstbesten Gelegenheit ihren weißen Befreiern und kehrten zu ihrem rothäutigen Volk zurück.

Was war es, was zog sie so unwiderstehlich zurück in dieses Leben mit seiner großen, täglichen Mühsal und seinen Lasten, zurück in das Dunkel und die Not des Winters und zu den schweren Bürden der Sommerwanderungen? In vielen Fällen waren es ja wohl die Kinder. Oder packte sie ein Gefühl des Schreckens beim Anblick der weißen Verwandten und das Bewußtsein gesunken zu sein? Nach allem, was sie hatten durchmachen müssen, schien ihnen vielleicht ein Zusammenleben mit jenen unmöglich.

Vielleicht aber war es auch die Wildnis selbst – eine »Romantik«, die wir wohl ahnen, aber uns nicht genauer vorstellen können, und die nie zu Papier gebracht werden wird –, die sie rettungslos behext hatte, so daß ihnen die Rückkehr in ihre frühere Welt ebenso unmöglich war wie jenen, die in den Zauberberg der Märchenwelt eingegangen sind.

Über Napoleons russischen Feldzug und den Untergang der Großen Armee haben zwei, die mit dabei gewesen sind, schriftliche Berichte hinterlassen: Der Stabsoffizier Philippe de Ségur und Adrien François Bourgogne, Sergeant bei den Gardegrenadieren. Die Memoiren Bourgognes haben lange als Manuskript unbeachtet dagelegen und sind erst um das Jahr 1890 herausgegeben worden.

Ségur behandelt den Feldzug in breiter Perspektive. Er strebt nach den Höhen der großen Geschichtsschreibung, teilt sein Werk als wohlgeformtes Epos in zwölf Bücher ein und schickt ihm ein Motto aus Vergil voraus. Die Schilderung wichtigerer Gedankengänge und Überlegungen schmückt er nach antiken Mustern mit Ansprachen, Reden und Zitaten. Seine Darstellung ist gewissenhaft und stellenweise glänzend; er denkt klar, besitzt Urteilskraft und ist persönlich tief ergriffen von seinem Gegenstand. Aber er ist zugleich auch ein klein wenig theatralisch, und wo er sich zu Ansprachen an seine Waffenbrüder und zu Ausrufen über Heldentum und über unsterbliche Ehre im allgemeinen erhebt, vernimmt man bisweilen das Echo einer Rhetorik, die ihre leuchtendsten Blüten in den kaiserlichen Bulletins und Proklamationen trieb – einer Rhetorik, die, wo sie am schlimmsten war, formal auf pseudo-klassischen Stelzen ging und die inhaltlich auf eine vereinfachte Unterleutnantspsychologie zugeschnitten war.

Ségurs Buch ist im ganzen interessant, aber mit der Chronik des Gardesergeanten kann es sich nicht messen. Bourgogne ist insofern kein Konkurrent für Ségur, als er nicht die Geschichte des Feldzuges schreiben will; er beschäftigt sich ausschließlich mit seinen eigenen Erlebnissen, aber bei all seiner Unwissenheit steht er als Schrift-

143

steller auf einer höheren Ebene als der gelehrte Graf. Er besitzt in hohem Grade die Fähigkeit, mit einfachen Mitteln starke Eindrücke hervorzurufen; jede Szene, die er bringt, steht klar und scharf vor den Augen des Lesers. Dazu kommt ruhige Sachlichkeit, ein einfacher, ungekünstelter Stil, ein sparsamer Einschlag von malerischem Gardisten-Jargon und hier und da ein Unterton von phlegmatischem Humor; schließlich auch ein ausgeprägtes Gedächtnis für Einzelheiten und die nicht zu verachtende Fähigkeit nachzudenken. Dem Memoirenverfasser gegenüber ist der Geschichtsschreiber natürlich ungünstiger gestellt, wenn es gilt, dem Leser Bilder von hoher Wirklichkeitsintensität zu vermitteln; in der Regel ist der Historiker der abstraktere von beiden. Ségur gibt Überblick und Zusammenhänge, große Bewegung, summarische Kampfschilderungen: eine allgemeine Schau vom Elend des Rückzuges. Bei Bourgogne werden wir in eine Welt versetzt, die weit ab von großen Gesichtspunkten liegt und wo alles Interesse sich um handgreifliche persönliche Einzelheiten gruppiert: um das Maß jeden Tages an Hunger, Kälte und toten Kameraden; um Probleme, die sich um Packung und Bekleidung drehen, um die Mühe, die es macht, die in Moskau gefaßte Beute mit sich zu schleppen, um Frostschäden, Ermüdung, Ungeziefer und Kolik; um rettende Lagerfeuer, Pferdekadaver, zäh durchhaltende Marketenderinnen, litauische Einquartierungsjuden, die einem das Fell über die Ohren ziehen wollen; um Augenblicksbilder vom Kaiser, wie er zu Fuß durch den Schnee geht; um Verirrtsein, verzweifelte Scharmützel und um hin und wieder einen belebenden Schluck aus irgendeiner den Kosaken entrissenen Branntweinflasche. Bourgognes Gegenstand ist sensationell, aber seine Darstellung hat nichts von Sensationsjagd und ist ohne jede Spur von Theater und Tiraden. So besitzt er bei seiner Anschaulichkeit im besten Sinne des Wortes mehr klassischen Geist als Ségur.

Auffallend an diesem napoleonischen Soldaten ist ein

Wahrheitssinn, der sich auf die kleinste Einzelheit erstreckt. Er scheint sich völlig darüber klar zu sein, daß das wirklich Geschehene an und für sich interessant genug ist und nicht durch eine zweifelhafte Vergoldung gestützt zu werden braucht. Das ist in einer Zeit und einem Milieu wie dem seinen gewiß ein bemerkenswerter Zug, denn das mächtige Beispiel des Kaisers war dazu angetan, den loyal empfindenden Schilderer der großen Armee und ihrer Taten zur Nachahmung zu verlocken. Napoleons Ansehen als Kriegsjournalist war allerdings gleich null und hat den Ausdruck »lügen wie ein Bulletin« in die Welt gesetzt.

Bourgogne war siebenundzwanzig Jahre, als er am russischen Feldzug teilnahm, aber da hatte er schon eine so lange Dienstzeit hinter sich, daß er zu den »alten Brummbären« gerechnet werden konnte. Mit zwanzig Jahren war er in die Garde eingetreten, und im Gefolge des Kaisers hatte er sich seitdem überall in Europa ein wenig umgesehen. Er war bei Jena, Eylau, Heilsberg und Friedland mit dabei gewesen; bei Aspern hatte er einen Schuß ins Knie bekommen; zweimal war er in Spanien gewesen, und schon seit mehreren Jahren war er Sergeant.

Seine eigene Erzählung beginnt bei Almeida in Portugal; dort erhielt sein Regiment im März 1812 den kaiserlichen Befehl, sich schleunigst nach Hause zu verfügen.

Der Dienst in Portugal war anstrengend gewesen, und nach einem Marsch von tausend Kilometern hegten die alten Grenadiere, während sie sich langsam Paris näherten, gewisse Hoffnung, nun, nach jahrelangen Strapazen, etwas ausruhen zu dürfen; das heißt, eine Zeitlang in der Umgegend der Kasernen von Courboie in Ruhe ihren Knaster zu rauchen, zwischen Reveil und Morgensuppe sich ein wenig an einem Stück Wurst und einem Zehncentimes-Gläschen Suresneswein zu laben, in großer Aufmachung bei den wöchentlichen Paraden vor dem Kaiser zu defilieren und mit der Liebsten auf der Barrière de Roule zu tanzen.

Aber der Kaiser, als er sie nach der Heimkunft kurz betrachtet und sie in ziemlich guter Verfassung gefunden hatte, setzte sie nach einer Ruhepause von achtundvierzig Stunden auf eine Menge eigens für sie herbeigeschaffter Wagen und schickte sie ohne weiteres nach Deutschland. Teils auf Fahrzeugen aller Art, teils zu Fuß ging es ohne Aufenthalt durch Westfalen, Sachsen und Polen, und früh am Sonnwendtag passierte man die russische Grenze. Ein halbes Jahr später wurde dieselbe Grenze wieder überschritten, aber dieses Mal in entgegengesetzter Richtung, und da zählte Bourgognes Regiment, das zu den besser weggekommenen gehörte, einige sechzig Mann: Das war alles, was von zweitausend übrig war.

Bourgogne erwähnt ein schweres Gewitter, das an einem der ersten Tage jenseits der Grenze niederging und ein großes Durcheinander im Heer anrichtete; man hielt es für ein böses Omen. Sonst hat er vom Marsch auf Moskau nicht viel zu berichten. Die Garde, die immer mit dem Kaiser ging, wurde besser verpflegt als die Linientruppen und litt nicht viel Schaden; bei Borodino stand sie untätig in der Reserve. Am 14. September – einem Tage mit Sommerwetter – sah man nach Ersteigung einer Anhöhe plötzlich Moskau mit seinen vergoldeten Türmen und Kuppeln vor sich liegen, und man war sich ganz einig darüber, daß es eine schöne Stadt sei, in der man sich hoffentlich einige Tage würde verpusten dürfen, nachdem man nun schon von Portugal an in Gang gehalten worden war.

Der Einmarsch der Garde war feierlich und ging mit Musik vor sich, aber der Kaiser war schlechter Laune, weil kein Bürgermeister an der Spitze seiner Ratsherren mit den Schlüsseln der Stadt erschienen war. Bourgogne erwähnt nicht, ob bei dieser Gelegenheit die berühmten weißen Hosen angezogen wurden, die jeder Gardegrenadier im Tornister hatte, um sie ausschließlich beim Einzug in eroberte Städte zu tragen; aber er erzählt, daß er einen Monat später, beim Verlassen der Stadt, das betreffende Kleidungsstück fortwarf, weil infolge der vielen Andenken an Moskau in seinem Tornister große Enge entstanden war. Ihm ahnte gewiß, daß er diese Hosen nicht so bald brauchen würde.

Der Kaiser hatte alles Plündern streng verboten, aber Befehle, die diesen Punkt betrafen, wurden von der großen Armee immer mit der größten Kaltblütigkeit ausgelegt, um so mehr, als das Verpflegungssystem des Heeres zum größten Teil auf Selbstversorgung basierte. Die Gardegrenadiere, die auf einem großen, von leeren Adelspalästen umgebenen Platz biwakierten, plünderten schon am gleichen Abend erst mal zu häuslichem Bedarf: Fleisch, eingelegte Früchte, Likör, Branntwein und Delikatessen hatte man bald im Überfluß rings um sich aufgestapelt, und man vermißte bloß reichlichere Mengen von Brot.

Dann kam der große Brand, wodurch man freiere Hände bekam. Bourgogne wurde mehrere Male ausgeschickt, um zu löschen und das Einfangen und Hinrichten von Rostopschins Mordbrennern zu besorgen; in Wirklichkeit handelte es sich bei diesen Expeditionen meist darum, so viele Kastanien wie irgend möglich aus dem Feuer zu holen. Erfahrene Soldaten richteten sich in Moskau auf lange Sicht ein und sahen einem Überwintern dort mit Ruhe entgegen; nachher – und warum denn nicht? – würde es vielleicht gen Indien oder nach der Mongolei gehen. Die Verwüstung, die durch den Brand angestellt war, machte ihnen weiter keine Sorgen: Das ganze Heer, meint Bourgogne, hätte sehr wohl in den Kellern untergebracht werden können. Man verschaffte sich also Proviant und braute Bier; ein paar Schneider, die man glücklich eingefangen hatte, wurden in Arbeit gesetzt. Bourgogne selbst war zweier russischer Landmädchen habhaft geworden, die dem Unterbefehl mit Waschen und anderen vorkommenden Arbeiten zur Hand gingen. Einmal gab man sogar einen glänzenden Maskenball, an dem die beiden Wäscherinnen als vergnügte und angeheiterte Marquisen aus der Rokokozeit teilnahmen.

Mit den Lustbarkeiten in Moskau war es jedoch am 17. Oktober zu Ende; da war der Kaiser es endlich satt geworden, halsstarrig im Kreml zu sitzen und auf einen Friedensvorschlag von Alexander zu warten. Die Armee zog durch die Kalugapforte nach Süden ab; mit Bündeln und Bojarenpelzen beladen nahm sie sich bunt wie eine Marktherde aus und war stark behindert durch einen unübersehbaren Troß. Und bald fing es an, im Troß zu knacken und zu bersten; obwohl in den Sprachen aller Erdteile heftig geflucht wurde, wollten weder die Räder noch die Zugtiere länger mitmachen. Auch die schwere Packung des Fußvolkes wurde als sehr lästig empfunden.

Bourgogne sah nun seinen Tornister durch; er gibt uns ein genaues Verzeichnis des Befundes. Es fanden sich da ein paar Pfund Reis und Zucker, einige Zwiebacke und eine halbe Flasche Likör; ein chinesisches seidenes Damenkleid; mehrere kleine Gegenstände aus Silber und Gold, darunter ein Stück vom großen Iwankreuz, das der Kaiser hatte herabnehmen lassen, um es nach Hause zu transportieren; Bourgognes Paradeuniform; ein großer, mit grünem Samt eingefaßter Damen-Reitmantel; zwei reliefgeschmückte, acht Zoll breite und einen Fuß lange Silberplatten, von denen die eine den Schönheitswettbewerb auf dem Berge Ida, die andere Neptun in seinem von Seepferdchen gezogenen Streitwagen darstellte; ferner etliche Medaillons und der brillantenbesetzte Spucknapf eines russischen Fürsten. Über dem Hemde trug Bourgogne eine wattierte Pikeeweste aus gelber Seide, die er sich selbst aus einem Damenrock zusammengeschneidert hatte, und über der Uniform einen langen, hermelinverbrämten Mantel. Von seinem Gurt baumelte an einem Galon ein Beutel, der allerlei Kleinigkeiten enthielt, unter anderem ein Jesusbild in Silber und Gold und eine kleine chinesische Porzellanschale – die beiden einzigen Gegenstände, die von allen diesen Dingen mit nach Frankreich gekommen sind. Außerdem hatte er sechzig Patronen und sein Gewehr – ein Gewehr, das er sechs Jahre lang besessen hatte und mit dem er so vertraut geworden war, daß er es im Dunkeln nur mit Hilfe des Tastsinnes aus einer Gewehrpyramide hervorsuchen und, wenn es zu Boden fiel, bloß am Geräusch erkennen konnte. »Fügt zu all dem«, sagt Bourgogne, »Gesundheit, gute Laune, Unternehmungslust und die lebhafte Hoffnung, in Bälde den Damen Indiens und Chinas aufwarten zu dürfen, so habt ihr eine Vorstellung vom Sergeanten des Kaiserlichen Garde-Infanterieregimentes.«

Bald wurde es jedoch auch dem letzten Gemeinen klar, daß das Aufwarten bei diesen Damen bis auf weiteres würde anstehen müssen, denn nach dem blutigen Zusammenstoß bei Malojaroslawetz, da Kutusow und der Vizekönig von Italien äußerst hartnäckig miteinander verfuhren, nahm der Kaiser vom südlichen Rückzugswege Abstand und ging nach Norden zurück; der starke Widerstand der Russen hatte ihm solchen Eindruck gemacht, daß er sich widerstrebend zu dem Ausweg entschloß, der allein noch übrig zu sein schien, nämlich den Weg, den er gekommen war, auch nach Hause zu gehen. Zugleich hatte jedoch Kutusow, unter dem Eindruck des rasenden Ansturms des Vizekönigs von Italien stehend, das Räumen der Stellungen befohlen, die der Großen Armee den Weg nach Süden versperrten. Indes davon wußte Napoleon nichts, als er seinen verhängnisvollen Beschluß faßte; sein Stern war an diesem Tage hochgradig verfinstert.

Der Rückzug der großen Armee vollzog sich nur in Gegenden, die schon beim Einmarsch völlig ausgesogen worden waren. An einem der letzten Oktobertage kam man am Schlachtfeld von Borodino vorüber, und das war kein aufmunternder Anblick. Gleichzeitig begann der erste Schnee zu fallen, und der aus Moskau mitgeführte Mundvorrat der Soldaten fing an, zur Neige zu gehen.

Damit hielt das große Elend seinen Einzug. Schnell lösten sich die Bande von Disziplin und Menschlichkeit. Verwundete, die seit Borodino nahe dem Schlachtfeld in den Feldlazaretten gelegen hatten, sollten nun laut kaiserlichem Befehl auf Troßfuhrwerken und Marketenderwagen mitgenommen werden, aber das Trainpersonal warf sie bei der ersten besten Gelegenheit von den beutebeladenen Wagen herab und ließ sie ruhig am Wegesrand umkommen.

Bald war das Fleisch gefallener und gestohlener Pferde der einzige Unterhalt der Armee. Man lernte auch, auf dem Marsch die Pferde in aller Eile zur Ader zu lassen, sobald man auf eine Eskadron stieß, und auf diese Weise einen einfachen Pfannkuchen zu improvisieren, oder man schlürfte das Blut roh, wenn man es besonders eilig hatte. Bourgogne fiel es auf – und es diente ihm zum Beweis dafür, daß der Kaiser, solange es irgend ging, für seine Garde besondere Sorge trug –, daß sein Regiment gewöhnlich an Stellen übernachten durfte, wo nachts zuvor die Kavallerie gelegen hatte und wo es also Pferdekadaver gab. Aber bald versiegte auch diese Hilfe: Die stolze Kavallerie König Joachims hörte auf zu existieren, und in betrüblichen Horden stolperten seine Kentauren zu Fuß unter ihren krollhaargeschmückten Helmen am Ende der Kolonne einher. Ihre hohen Stiefel waren nichts für so lange Spaziergänge.

Zu Schnee und Hunger kam nun auch strenge Kälte, und jede Nacht wirkten diese drei Mächte einträchtig zusammen, um die grande armée zu vernichten und ins Grab zu legen.

Es ist Bourgogne gelungen, seine Erlebnisse am achten November, nach Einbruch der Dunkelheit – da der Frost einen Höhepunkt erreichte – als eine wirkliche Nacht der Schrecken zu schildern. Am Abend sah er einer Feuersbrunst zu, die in einer riesigen Scheune, einem Gebäude der russischen Post, ausgebrochen war; ungefähr achthundert Mann, größtenteils Offiziere, hatten sich dort hineingepackt und die Türen von innen zugesperrt, um zu übernachten. Es gelang, dadurch daß man eine Planke losbrach, sieben Personen in recht mitgenommenem Zustand herauszuholen; im übrigen mußte man sich damit begnügen, aus der Entfernung ein Feuermeer zu betrachten, das von den Zuckungen der eingeschlossenen Menschenmenge bebte. Vorbeigehende Soldaten blieben stehen, um sich ein wenig zu wärmen oder um ein Stück Pferdefleisch am Bajonett zu braten. »Welch herrliches Feuer!« murmelten sie stillvergnügt.

Später, in derselben Nacht, hatte Bourgogne Wache bei Mortier und saß mit seinen Leuten in einem Schuppen um ein Feuer herum und zwar in Gesellschaft des Generals, der als Abendessen ein Stück Pferdefleisch, einen Zwieback und einen Schluck Kognak verzehrte. Plötzlich vernahm man einen unheimlichen, dumpfen Ton, der den ganzen Weltenraum zu erfüllen schien: Es war der herannahende Schneesturm. Am Morgen sah Bourgogne einen größeren Verband der Garde-Artillerie unbeweglich bei den Kanonen sitzen. Die Feuer waren erloschen; ihr Lager war während der Nacht vollständig ausgestorben. Der Prinz Eugen von Hessen, ein zwanzigjähriger junger Mann, der mit einem eigenen Truppenteil dem Heer gefolgt war, überlebte diese Nacht auf eigentümliche Weise: Als der Sturm um sein offenes Biwak mörderisch wurde, stellte sich der Rest seiner Dragoner, ungefähr hundertfünfzig Mann, in einem dichten, mehrfachen Kreis um ihn her. In ihre weißen Mäntel gehüllt standen sie so die ganze Nacht hindurch, und nur der vierte Teil der Leute war am Morgen noch am Leben.

Nach einigen Tagen zog das Heer in Smolensk ein, wo man Lebensmittel und Winterquartiere zu finden hoffte. Beim Anblick dieser Armee von Gespenstern wurde die französische Garnison der Stadt von solchem Schrecken erfaßt, daß sie sich anfangs weigerte, die Tore zu öffnen.

In dieser Stadt, wo wenig zu haben war, verringerten sich Hunger und Elend nicht merkbar; die Garde erhielt allerdings ein wenig Mehl zuerteilt. Eines Nachts irrte Bourgogne auf der Suche nach einem Kameraden umher und hatte dabei allerhand Abenteuer; er stolperte über Leichen, plumpste in schneegefüllte Kellerlöcher, stürzte kopfüber in eine Höhle, die der Zufluchtsort einer organisierten Diebesbande war – ehemalige Soldaten hatten sich darauf eingestellt, ihre Kameraden in den Quartieren auszuplündern. Bourgogne wurde als Gardist mit besonderem Mißtrauen von ihnen betrachtet und kam aus ihrem Versteck knapp mit dem Leben davon. Während dieser nächtlichen Erlebnisse vernahm er zu seinem Ärger ständig einen fernen Orgelton, und allmählich stieg der ernstliche Verdacht in ihm auf, daß er im Begriff sei, verrückt zu werden. Schließlich tastete er sich bis zu einer Kathedrale hin, an deren Mauern man eine Menge gefrorener Leichen aufgestapelt hatte, und im Innern der Kirche fand er eine Anzahl fröhlich gestimmter Kameraden, deren einige die Orgel bearbeiteten. Gute Gesellschaft, Musik, Branntwein und ein wenig gekochten Reis genießend, dazu einige Stücke von einem Pferd, das man kürzlich von einem vor der Kirche stehenden Leichenwagen gestohlen hatte –, so verbrachte er den letzten Teil dieser inhaltsreichen Nacht in Smolensk unerwartet angenehm.

Ein anderes Mal sah er, wie ein paar Mann der Garnison einem alten Kavalleristen, der nicht mehr gehen konnte, in die Stadt hineinhalfen. Bourgogne gibt ein gutes Bild von ihm:

»Es war ein alter Gardist der Jäger zu Pferde, den sie unter den Armen stützten. Er sagte mir, daß fast alle seine Zehen erfroren seien; die Füße hatte er mit einigen Stücken Schafsfell umwickelt. Sein Bart war voll Eisnadeln. Man führte ihn an das Feuer heran; er setzte sich und brach gleich über den Zaren und dessen Land und über den Gott Rußlands in Verwünschungen aus. Dann fragte er mich, ob wohl eine Ration Schnaps ausgeteilt werden würde. Ich sagte nein, davon sei nicht einmal die Rede gewesen und ich glaubte nicht, daß darauf zu hoffen sei. ›Dann bleibt mir nur übrig, zu sterben‹, sagte er. Der junge deutsche Wachtoffizier hielt es nicht aus, noch länger mit anzusehen, wie schlimm er daran war; er knöpfte seinen Mantel auf, zog eine Flasche Schnaps hervor und bot dem Gardisten einen Schluck an. ›Danke‹, sagte dieser, ›Sie haben mein Leben gerettet. Wenn sich mir Gelegenheit bieten sollte, Ihr Leben auf Kosten meines eigenen zu retten, so werde ich keinen Augenblick zögern, den Dienst zu quittieren. Darauf können Sie sich verlassen. Genug, merken Sie sich: Roland, Jäger zu Pferde von der alten kaiserlichen Garde; soeben allerdings zu Fuß, oder richtiger gesagt, im Augenblick überhaupt ohne Füße – – ‹ Der Offizier reichte ihm wieder die Flasche und bat ihn, sie zu behalten, und der alte Gardist war nun völlig ratlos, wie er seinen Dank zum Ausdruck bringen sollte.«

Hinter Smolensk wurde es schlimmer und schlimmer, und nach der verzweifelten Schlacht bei Krassnoje, wo die Garde viel litt und schließlich unter Zurücklassung ihrer Verwundeten umwenden mußte, zeigten sich sogar bei dieser widerstandskräftigen Elitetruppe die Anzeichen der Auflösung. Bis Krassnoje, sagt Bourgogne, hätte er den Kopf oben behalten, »aber seit ich unsere verwundeten Kameraden im Schnee hinter uns herkriechen sah und ihre Hilferufe hörte, verdoppelten sich bei mir Niedergedrücktheit und Zweifelsinn«.

Gleich nach Krassnoje kam er um seinen Tornister und dessen ganzen exotischen Inhalt; am schlimmsten war, daß auch ein kleiner Sack mit Mehl dabei war, den er sich in Smolensk verschafft hatte. Bis hierher war Bourgogne stets imstande gewesen, seinen Platz in der Kolonne zu halten, aber auf der Suche nach seinem Tornister, den er abwechselnd mit einem Kameraden getragen hatte, verliert er sein Regiment aus den Augen und ist nun eine Zeitlang Nachzügler und frei streifender Marodeur. Auf anderen Wegen als die kaiserliche Kolonne irrt er nun auf eigene Hand umher.

Eines Nachts, als er sich verirrt hat und vor Kälte und Ermattung dem Tode nah ist, stürzt er einen Abhang hinab und landet bei einem Packwagen der Garde, der sich hier festgefahren hat und von Nachzüglern nachher geplündert worden ist. Bourgogne beschließt, es sich hier recht gemütlich zu machen und zunächst den ganzen Wagen in Brand zu stecken, aber da schiebt sich dessen Verdeck zur Seite, und säbelschwingend, in einen weißen Mantel gehüllt, erscheint eine riesige Gestalt. Bourgogne fragt, ob er einen Franzosen vor sich habe, und bekommt zu hören, daß nur ein sehr einfältiger Teufel so dumm fragen könne. Freudiges Wiedersehen findet statt; der neue Kamerad stammt aus der Picardie, und sein Name ist Picart. Er ist einer der ältesten »alten Knaben« der Garde und ein unverwüstlicher Bursche. Der Bedeckung eines Transportes zugeteilt, hatte er Moskau früher als das Heer verlassen und war nach einem Kosakenüberfall hier zurückgelassen worden, um den Wagen zu bewachen, bis er mit Pferden abgeholt werden würde.

Picart weiß nichts von den unglücklichen Schicksalen der Armee; den Bericht Bourgognes hört er mit Mißtrauen und Erstaunen. Als ihm endlich die Wahrheit beigebracht ist, gerät er in eine fürchterliche Laune und erklärt den Kaiser für einen Schwerverbrecher, weil er, als der Winter auf der Schwelle stand, vierunddreißig Tage in Moskau geblieben sei, während vierzehn Tage genügt hätten, um alles dort Vorhandene aufzuessen und auszutrinken. »Wie ein Schwerverbrecher«, wiederholt er, »und ich würde ihm gern ins Gesicht sagen, daß Soldaten so nicht geführt werden dürfen.«

Nach langem Umherirren legen sie endlich Beschlag auf einen Juden, der sie gegen gute Bezahlung noch mehr in die Irre führt. Endlich stoßen sie auf die große Heerstraße. Gestützt auf ihre Gewehre stehen die beiden Grenadiere am Wegesrand und sehen die kaiserliche Kolonne herankommen:

»Die ersten, die zum Vorschein kamen, waren mehrere Generale, deren einige zu Pferde waren, die meisten jedoch gingen zu Fuß. Mit ihnen marschierten andere hohe Offiziere; das waren die Reste der Heiligen Schwadron und des Heiligen Bataillons, zwei Verbände, die drei Tage zuvor formiert worden waren und von denen sich kaum mehr sagen ließ, daß sie noch existierten. Darauf folgten einige Reste der Garde zu Pferde; dann der Kaiser, zu Fuß und mit einem Stock in der Hand. Er war in einen weiten, pelzgefütterten Mantel gehüllt und trug eine amarantfarbene Sammetmütze, die mit schwarzem Fuchs eingefaßt war. Zur Rechten hatte er – ebenfalls zu Fuß – König Murat, zur Linken Prinz Eugen, den Vizekönig von Italien. Darauf kamen die Marschälle Berthier, Mortier, Ney, Lefebre und noch andere Marschälle und Generale, deren Truppenteile nicht mehr vorhanden waren; dann sieben- bis achthundert Offiziere und Unteroffiziere, die in guter Ordnung und in tiefes Schweigen versunken dahinmarschierten und die Regimentsadler trugen, die sie so oft zum Siege geführt hatten.

Das war alles, was von sechzigtausend Mann übrig war.

Den Schluß bildete die Garde zu Fuß, auch diese in Reih und Glied; die Jäger gingen an der Spitze.

Der arme Picart, der die Armee einen ganzen Monat nicht gesehen hatte, betrachtete den Zug, ohne einen Ton zu sagen, aber seine krampfartigen Bewegungen verrieten seine Gefühle. Mehrere Male stieß er mit dem Gewehrkolben auf den Boden und schlug sich mit der geballten Faust vor Brust und Stirn. Große Tränen liefen ihm über die Wangen in den Schnurrbart, der voll Eisnadeln hing. Endlich wandte er sich mir zu: ›Ich weiß nicht, ob ich wache oder träume‹, sagte er. ›Ich muß weinen, weil ich den Kaiser zu Fuß habe marschieren sehen, mit einem Stock in der Hand! Er, der so groß ist und der uns so stolz gemacht hat!‹«

Vom Übergang über die Beresina hat Bourgogne allerlei zu berichten, er war aber nicht Augenzeuge der Szenen, die hier den Höhepunkt des Unglücks bildeten. Bei dieser Gelegenheit büßte er das Bärenfell ein, das er fast den ganzen Weg von Moskau an mitgeschleppt hatte und das während der schlimmsten Nächte seine Rettung gewesen war. Von nun an sind seine Leiden noch größer, er bleibt hinter der Truppe zurück, gerät unter das lose Volk, und mehr als einmal ist er drauf und dran, bei einem ausgebrannten Feuer in den letzten Schlaf zu sinken. Mit übermenschlicher Anstrengung hält er sich weiter in Gang. In Wilna endlich trifft er wieder auf sein Regiment.

Jedesmal, wenn er seine Kompanie wiedersieht, ist sie merklich zusammengeschmolzen, aber ein paar zuverlässige Leute sind immer noch da, halten stets ihren Platz in der Kolonne, sind immer bereit, so viel als irgend möglich den sich wieder Einfindenden zu helfen. Zu diesen gehört auch Bourgognes bester Freund: Sergeant Grangier, ein Mann, der, wie Bourgogne sagt, »körperlich keineswegs kräftig war, der aber eine unüberwindliche geistige Stärke besaß«.

Noch einen anderen solcher Geistesart sieht Bourgogne hie und da während der letzten Phasen des Rückzugs: den Marschall Ney mit der Nachhut. Er ist außer Gouvien und St. Cyr der einzige Befehlshaber, der mit neuen Ehren aus Rußland zurückkommt. Von Smolensk an führt Ney ein Dasein, das ihn in den Augen der Armee zu einer mystischen und staunenerregenden Gestalt macht; mitunter ist er tagelang verschwunden, abgeschnitten, vom Feinde eingekreist, und man beweint ihn schon als verloren. Aber immer taucht er mit dem Rest seiner Leute wieder auf, aus einer Wolke von Kosaken. Er ist wie ein gewöhnlicher Soldat mit einem Gewehr bewaffnet, ist immer bereit, haltzumachen und Front zu bilden, um für den aufgelösten Haufen, der vor ihm hertreibt, Zeit zu gewinnen und damit die Möglichkeit, sich in Sicherheit zu bringen. Rings um ihn her schmilzt eine Nachhut nach der anderen weg; er selbst rettet sich mit den Hilfsmitteln eines Inspirierten und bleibt unverwundet. Stets gelingt es ihm, genug Leute um sich zu sammeln, um ein lebhaftes Musketengeknatter in Gang zu halten. So war er bis zuletzt der Fels, der die Armee stützte.

Auf nächtlicher Suche nach etwas Eßbarem stößt Bourgogne in Wilna wieder auf Picart. Dieser nimmt ihn zu einigen Juden mit, deren Herzen dadurch gewonnen werden, daß Picart sich für einen Anhänger des mosaischen Glaubens ausgibt. Das Resultat ist eine Flasche Branntwein; aber Picart muß gleich darauf in dienstlichen Angelegenheiten fort, und nicht lange darauf wird Bourgogne von anderen Juden vergifteter Kaffee angeboten; sie hoffen, auf diese Art Gelegenheit zu finden, ihn zu berauben. Von nun an ist während geraumer Zeit nur noch sehr wenig Leben in Bourgogne; so gut es gehen will, schleppt er sich weiter fort, wenn auch die Kämpfe der Nachhut mitunter schon ganz in seiner Nähe vor sich gehen.

Gleich hinter Wilna muß die Kriegskasse der Armee im Stich gelassen werden. Ungehindert wühlen die Soldaten in den mit gemünztem Gelde beladenen Wagen nach Herzenslust herum, aber die meisten haben Enthaltsamkeit gelernt, was schwere Packung betrifft, und Säcke voll Silber werden für ein Spottgeld, das in gemünztem Golde gezahlt wird, verschleudert.

Hier traf Bourgogne einen alten Sergeanten seines Regimentes, namens Daubenton, der in auffallend krummer Haltung einherging. Bei näherem Zusehen zeigte es sich, daß er oben auf seinem Tornister einen großen Hund trug, der mit einem Strick festgebunden war. Bourgogne erkundigte sich, ob er die Absicht hätte, den Hund zu verspeisen? Der alte Sergeant wies das entrüstet zurück und sagte, viel lieber würde er Kosaken essen; zugleich äußerte er seine Verwunderung darüber, daß Bourgogne den Hund nicht wiedererkannte. Nun zeigte es sich, daß es Mouton, der Regimentshund, war, der schon 1808, in Spanien, sich beim Regiment eingefunden und dann alle Feldzüge mitgemacht hatte; auch bei Aspern und Wagram war er mit dabei gewesen und dann wieder nach Spanien und Portugal mitgefolgt. Auf dem Weg nach Rußland war er in einem sächsischen Dorf plötzlich verschwunden – man schloß auf Diebstahl –, aber eine Woche nach dem Einzug in Moskau hatte er sich zum allgemeinen freudigen Erstaunen wieder eingestellt. Eine Abteilung des Regimentes, die von Paris später als die Haupttruppe abgegangen war, hatte dasselbe sächsische Dorf passiert; Mouton hatte die Uniform wiedererkannt und sich seinen alten Freunden aufs neue angeschlossen. Nun waren ihm jedoch die Vorderpfoten erfroren, und obgleich der alte Sergeant gut genug begriff, daß er ihn auf die Dauer nicht würde retten können, hatte er es doch nicht über sich bringen können, ihn im Stich zu lassen.

Anstürmende Kosaken und ein Schwarm Flüchtender trennten Bourgogne von Daubenton gerade im Augenblick, da der alte Sergeant einen Kosaken abschoß und Mouton im Begriff war, einem anderen an den Hals zu springen. Die weiteren Schicksale dieser beiden sind unbekannt geblieben.

Eine Art Gegenstück zur Geschichte von Mouton ist die vom Dragoner Mellé und dessen Pferd. Auf dem Rückzug traf Bourgogne mehrmals seinen Freund Mellé, der zu den Garde-Dragonern gehörte; er nennt ihn einen der Besten im Heer. Sein Pferd am Zügel führend, wenn es müde war oder wenn der Schnee zu hoch lag, ging er allein seines Weges; einmal sah Bourgogne ihn lange mit einer kleinen Handaxt arbeiten, um durch dickes Eis hindurch Wasser für das Pferd zu beschaffen. Ein anderes Mal kam Mellé nachts aus einem in der Nähe befindlichen russischen Lager zurück; er trieb einen Gefangenen vor sich her und hatte ein Bündel Heu vor sich auf dem Sattel. In einen Kosakenmantel gehüllt hatte er sich allein unter die Russen gemengt, um Futter herbeizuschaffen – ein Ausweg, dessen er sich mehr als einmal mit Glück bedient hatte.

Dieses Pferd hatte er schon 1806 in der Schlacht bei Jena geritten, und seitdem hatte es an allen Feldzügen des Kaisers teilgenommen. Mellé kam wirklich zusammen mit dem Pferde aus Rußland zurück; beide machten 1813 den sächsischen Feldzug mit. Nachdem das Pferd zwölf große Schlachten und dreißig kleinere Kriegshandlungen abgedient hatte, fiel es endlich bei Waterloo durch eine Kugel, wogegen der Dragoner Mellé, nun ein Ritter der Ehrenlegion, noch am Leben war, als Bourgogne 1830 seine Memoiren abschloß.

In Kowno erreichte Bourgogne endlich sein Regiment. Wieder kampftüchtig geworden – seine erfrorenen Gliedmaßen beschränkten sich auf eine Hand und einen Fuß –, nahm er an den Kämpfen dort teil. Am 14. Dezember überschritt das Regiment den Njemen, nachdem der Oberst in einer kurzen Ansprache den noch vorhandenen sechzig Mann seine Bewunderung dafür ausgesprochen hatte, was alles sie mit Standhaftigkeit hatten ertragen können.

Auf preußischem Boden hörte sofort jede Ordnung auf. Nach guten Quartieren jagend trieb man in losen Haufen einher; durch die Feindseligkeit der Bevölkerung, durch die Kälte und die ständig verfolgenden Kosaken hatte man auch hier viel auszustehen. In Wirballen, wo es »proppenvoll« war und wo nur noch für Offiziere Einquartierungsmöglichkeiten bestanden, traf Bourgogne wieder auf Picart, den er bequem untergebracht fand und der gerade dabei war, die Epauletten eines Obersten an seiner Uniform festzunähen, um durch diesen Kniff seinen Unterschlupf in Frieden genießen zu können.

Endlich, am Tage vor Weihnachten, erreichte man Elbing, den Sammelplatz für die Reste der Armee. Bourgogne findet Quartier bei einer jungen Strohwitwe, Madame Gentil. Den Mängeln seiner äußeren Erscheinung hilft er durch ein Paar schöne, scharlachrote Hosen ab, die er bei einem Kleiderjuden eingetauscht hat und die, ihrem Besatz nach zu urteilen, einmal irgendeinem Adjutanten Murats gehört haben mochten. Er schläft, ißt, badet und rasiert sich, und sein Lebensmut kehrt wieder zurück. Nach dreitägiger Bekanntschaft nennt er seine Wirtin »die schönste Frau, die er je gesehen hat«, und findet sie nicht unempfindlich für solche Wertschätzung.

Auch andere Quellen der Freude öffnen sich: Kameraden, die man längst für tot gehalten, stellen sich in nicht geringer Anzahl ein; trinkbarer Wein ist vorhanden und erschwinglich, und die Einwohner von Elbing zeigen sich freundlich gesinnt. Bourgogne und Picart glänzen als Gäste auf einer mit allem kleinbürgerlichen Staat gefeierten Hochzeit.

Aber eines schönen Tages schlagen die drei übriggebliebenen Trommelschläger der Garde »la grenadière«, und die Stunde des Aufbruchs ist da. Dankbar und gerührt nimmt Bourgogne Abschied von Madame Gentil und tritt den Marsch nach Frankreich an.

Damit ist der Bericht des tapferen Sergeanten über seine Schicksale in Rußland zu Ende.

Als Kriegsgefangener beginnt er im nächsten Jahr, nach der Schlacht bei Dresden, mit dem Aufzeichnen seiner Erinnerungen, und als adjutant de place in Valenciennes arbeitet er später, als die Napoleonischen Kriege zu Ende sind, seine Memoiren aus, wobei ihm Gespräche mit verschiedenen seiner Waffenbrüder, die er als »Zeugen« am Schluß seines Buches anführt, gut zustatten kommen.

Beim Durchlesen des Geschriebenen kommt ihm bisweilen alles wie ein Traum oder eine Fieberphantasie vor, aber zugleich hat er sich von diesen russischen Erinnerungen so besessen gefühlt, daß er sie hat aufschreiben müssen in der Hoffnung, ihre Macht zu brechen.

Mögen die Schreckbilder von Smolensk und von der Beresina den Träumen seiner alten Tage ferngeblieben sein! Soviel steht jedenfalls fest, daß er durch den Versuch, sich von seinem Alpdruck zu befreien, ein Werk zustande gebracht hat, das viele Szenen mit fast visionärer Anschaulichkeit vor das Auge des Lesers treten läßt.

Er starb 1867. Als einer der letzten von allen, die am Rückzug der Großen Armee teilgenommen hatten, wurde er ins Grab gelegt.

Jeden Tag gegen drei Uhr, wenn das Wetter erträglich ist, reiße ich mich von Büchern und Schreibtisch los, um einen Spaziergang rund um den See zu machen. Das nimmt, wenn man nicht gar zu langsam geht, ungefähr drei Stunden in Anspruch.

Heutzutage macht es kaum Vergnügen, eine Landstraße entlang zu wandern; man stößt dabei auf allzuviel zusammenhanglosen Lärm und sinnlose Eile, und dazu weiß man sich nur ungern geduldet, ohne daß man als Entschädigung etwas von Spannung und Abenteurergeist verspürt, wie das in einer Straße der Großstadt der Fall sein kann. Aber auf Waldpfaden und schmalen Landwegen, die höchstens von einem Einspännerkarren oder von einem langsam dahinknarrenden Holzfuder hin und wieder befahren werden, kann der Fußgänger noch eine harmonisch wirkende Erscheinung sein und braucht sich nicht wie ein verkünstelter Archaismus vorzukommen.

Mein Fußweg schlängelt sich in launischen Windungen durch einen Gürtel von gemischtem Laub- und Tannenwald. Auf den steilen Rücken der Landzungen, unter den Tannen, ist er mit zartem, hellgrünem Moos bedeckt, und das Spätsommerlicht, wo es in Arabesken und zackigen Mustern durch die Öffnungen des Astgewölbes fällt, hat einen so hellen Metallschimmer wie nur je ein Goldregen zwischen den Jalousiestäben am Schlafzimmer der Prinzessin Danae ...

Dieser stille Spazierweg eignet sich für Träumereien und gedankenloses Versunkensein. Hier begegnet einem niemand, kein störender Laut ist vernehmbar, höchstens knuspert irgendwo ein Eichhörnchen, oder man hört eine Möwe oder einen Regenpfeifer. Das Gelände und die Ausblicke, die sich bieten, sind in ihrer Ruhe und Einfachheit gerade abwechslungsreich genug, um den Spaziergang vor Einförmigkeit zu retten und zu verhindern, daß er zu einer pflichtschuldigen, gesundheitsfördernden Körperübung wird.

Der Pfad folgt den Ufern einer Landzunge und führt dann an einer kleinen schattigen Bucht vorbei, die beinah die Form eines Seerosenblattes hat und wo es immer windstill ist. Hier pflegt eine Taucherenten-Familie ihr Wesen zu haben und mitunter Vorstellungen im Kunsttauchen zu geben.

Ich komme zur Landzunge, bei der Karls XI. Silberschatz im See versenkt liegt, und hier durchzucken mich jedesmal Gewissensbisse. Ganze siebzehntausend Taler in Silber haben die Schnapphähne dem schwedischen Heer geraubt, und ich habe mich noch immer nicht an das Niederschreiben dieser Geschichte gemacht! Volkstümliche Berichte über diese Waldläufer haben sich in der Umgegend nicht erhalten, aber doch ist manches da, was an sie erinnert. Auf einer kleinen Insel nah am Strande sieht man die Überreste eines Schlosses, das sie geplündert und dann besetzt gehalten haben, bis die Schweden über sie herfielen und sie mitsamt dem Schloß verbrannten; und am Nordufer des Sees, bei Trollehallar, ist eine breite Felsenspalte, die noch heute der »Schnapphähnestall« heißt. Dort pflegten sie ihre Beute zu verstecken und ihre Gefangenen anzupflöcken. Dicht daneben teilt den Bergrücken eine lange, steile Schlucht, die ein Forellenbach durchläuft. Hier haben die Schnapphähne ohne Zweifel mit den Mannen des Königs auf spanische Manier scharmützelt, im Hinterhalt gelegen und Felsblöcke hinabgerollt. Vielleicht ist es mir bestimmt, diese Dinge einmal in klassischem Stil zu einem richtigen Prosa-Epos zusammenzufügen; jedesmal, wenn ich an der Landspitze des bösen Gewissens vorbeikomme, sage ich mir, daß ich schon längst damit hätte anfangen sollen, aber bis jetzt bin ich mir noch nicht im klaren darüber, wie das zu machen ist. Schreibt man in Versen, so kann man ruhig am Schluß beginnen; indes bei Prosa liegt die Sache ganz anders. Einen Roman fängt man vielleicht ebenso leichtsinnig und pietätlos an wie das Leben selbst: Auf Gewinn und Verlust, und erst allmählich zieht man die Zügel strammer an, bringt Form und Halt in das Ganze oder – wirft es in den Papierkorb. Richtige, solide Romane müssen natürlich tragisch enden, und in dieser Hinsicht stehe ich sicher. Denn alle meine besseren Schnapphähne sollen in der Schlußszene unter Trommelwirbel bei Åby auf dem Thing gehenkt werden, nur ein paar geringe, undeutlichere Nebenfiguren werden begnadigt, und ein besonders schwarzer Fall wird sogar eine Leibrente erhalten. Habe ich es endlich nach Jahren der Mühe bis zu dieser Szene gebracht, dann werde ich mich auf ein Schriftstellerhonorar von genau siebzehntausend Silbertalern versteifen, nämlich auf genau so viel, als die im See versenkte Kiste enthält. Und dann soll die düstere Landzunge einen fröhlicheren Namen von mir bekommen, etwa »Silberpuckel« oder »Point de trésor«.

Der Weg führt nun durch ein Stück graue Wildnis und wendet sich nach Norden; hier mischt sich ein schwacher Lufthauch von den westlichen Seen her mit dem aromatischen Dunst der Sümpfe und Nadelwälder und mit der unbewegten, zitternden Hitze, wie windgeschützte Abhänge sie ausstrahlen: ein Gemisch von feuchtem, sonnendurchglühtem Wachsen und Wuchern, ein Gebräu betäubenden Sommers, das irgendeine grünäugige Frau Holde mit schweren Augenlidern kredenzt. Und das stille Geplätscher vom Strande her, das Glucksen grüngoldenen Wassers zwischen geglätteten Rundsteinen ist wie Murmeln im Halbschlaf, wie schläfriges Küssen ...

Etwas weiter fort, am nördlichen Ufer, zeigt sich bisweilen ein Reiher, den Nacken am Schulterblatt, in die Betrachtung eines Kapitels aus der Philosophie des vollen Kropfes tief versunken; oder er erwischt mit blitzschnellem Schnabel einen jungen Hecht, der dann mit wollüstiger Vorsorge durch den arbeitenden Schlangenhals befördert wird. Von der Spitze einer Föhre löst sich auch wohl mit verschlafenem Schrei, flatternd, ein aufgescheuchter Rabe, um nach einer Weile torkelnden Manövrierens schwerfällig den Höhenzug entlang zu fliegen, während sein Schatten langsam über die Umrisse der Bäume hinflutet wie ein zurückgelassener, vergessener Überrest vorzeitlicher Öde und schwarzer Magie.

Diese Stimmung heißen Schlummers und epikureischer Dösigkeit macht sich jedoch nicht uneingeschränkt geltend: Wesen, denen alle Indolenz fremd ist, gehen hier ihren Geschäften nach, die offenbar keinen Aufschub dulden. Wir, meine französische Bulldogge und ich, stoßen plötzlich auf lebhaften Verkehr, auf Kolonnen von Ameisen in dichter Formierung, die ihren Bau in nächster Nähe des Seeufers haben.

Wohnsitz und Verkehrsader haben sie mit viel Verachtung für alle Lebenssicherheit gewählt, denn ihr Heerweg fällt fast hundert Meter weit mit dem Fußpfad zusammen. Da ihr Gewimmel sehr dicht ist, muß jeder daherkommende Wanderer, der ihnen keine besondere Beachtung schenkt, sie zu Zehntausenden zertreten. Diese Tatsache scheint jedoch ihren Lebensmut nicht im geringsten zu dämpfen oder das Gedeihen ihres Gemeinwesens zu beeinträchtigen.

Der Platz, den sie sich für ihren Bau gewählt haben, ist imposant und höchst merkwürdig. Zu Anfang machte seine eigentümliche Lage mir wenig Eindruck, aber allmählich ist dieser Ameisenhaufen für mich zu etwas Verblüffendem geworden und hat sich zum Hauptphänomen an meinem Wege ausgewachsen. Hat man je von einem Ameisenhaufen gehört, der, ein und einen halben Meter von der Wasserfläche eines Sees entfernt, sich an ein paar Steinblöcke und an eine Zwergkiefer klammert? Was haben Ameisen, denen viele tausend Morgen Wald zu freier Siedlung zur Verfügung stehen, dort zu suchen? Ein Rätsel, fürwahr! Und damit nichts halb geschieht, haben sie sich gerade an dem Ende des Sees niedergelassen, das

Wind und Wellen am meisten ausgesetzt ist. Auch mittels systematischer Durchforschung des Geländes hätte eine gefährlichere Stelle sich nicht ausfindig machen lassen. Vielleicht sind es Über-Ameisen, eine neue Mutation, ein Naturspiel, über das die Natur selbst mit gutem Grund die Hände ringen mag – tapfere, sorglose Wesen, die gleichgültig gegen alles, die weise und glücklich sind. Nietzsches altbekannte Vorschrift, gefährlich zu leben, könnte nicht buchstäblicher erfüllt werden!

Eine Woche lang hinderten mich Stürme und Unwetter an meinem Spaziergang. Als ich dann wieder hier vorbei-kam, erwartete ich, die Ameisen ausgerottet zu finden, ertränkt, fortgespült von den Wogen, die bei westlichem Sturm hier eine ansehnliche Höhe haben und in zornigem Schaum sich ergießen. Und richtig: Sie waren überspült worden; der Bau sah bedenklich abgeplattet aus, Nadeln und Kies waren fortgeschwemmt, und zahlreiche graue Schalen von Ameisenpuppen hatte die Sintflut mit sich genommen. Indes die Geschäfte gingen nach wie vor ih-ren Gang, Architekten und Maurer kämpften wie immer mit ihren Problemen, Rekonvaleszenten krochen ver-gnügt auf den heißen Steinen umher; Wrackfischer han-tierten am Strande, und in glänzender Verfassung, als hät-te es für sie nie ein Capua gegeben, zogen die Legionen auf dem Fußweg in der nun wieder scheinenden Sonne daher, zielbewußt wie immer, in enggeschlossenen Rei-hen und keineswegs mitgenommen von einwöchentli-chem Eingesperrtsein in der Feuchtigkeit ihrer Keller, immun gegen tropfende Zimmerdecken, Rheumatismus, Lebensüberdruß!

Angesichts dieses Ameisenhaufens habe ich mir mitun-ter eingebildet, daß er vielleicht infolge eines Aufruhrs gegen die hygienischen Verhältnisse tief im Innern des Waldes entstanden ist, denn es ist anzunehmen, daß die Verhältnisse dort den Stempel großer Primitivität und Eingeschränktheit tragen. Waldameisen haben in ihrer gewöhnlichen Umgebung nicht viel Gelegenheit, mit den

Elementen in unmittelbare Berührung zu treten. Ein wenig ungetrübten Sonnenschein mögen sie gewiß, wenn sie an irgendeiner Wurzel hochklettern, hie und da schlecken, aber das ist auch ungefähr alles. Gemeiniglich krauchen sie im Halbdunkel zwischen moderndem Tannenholz und faulem Moos umher, stochern im Waldboden herum und trinken aus fauligen kleinen Pfützen. Vielleicht, daß irgendein umherstreifender Ameisen-Abenteurer, berauscht von neuen Ausblicken und neuen Wahrheiten, zu seinem Stamm in das Halbdunkel zurückgekehrt ist und mit Legenden von frischer Luft und frischem Wasser sich als Prophet etabliert hat; und es mag ihm allmählich gelungen sein, eine Schar um sich zu sammeln, sie unter heroischen Anstrengungen warm zu predigen und sie mit sich zum Seeufer zu schleppen.

Diese Vorstellung gibt meinen Gefühlen für sie einen Einschlag temperierter Achtung, doch keine wirkliche Herzlichkeit. In meinen Augen stehen sie als wurzellose Phantasten, als gewöhnliche Rebellen gegen die Überlieferung da, als Wesen, die einsichtsvoll, aber verwildert, sinnreich, aber ohne Weisheit sind und in tragischer Verrücktheit einen inneren Wert gegen einen äußeren eingetauscht haben. Und da kann ich ihnen je eher je lieber ein wirksames Ertränktwerden wünschen.

Mitunter aber denke ich sie mir als unfreiwillige Auswanderer, als Landesflüchtige nach irgendeiner Kriegskatastrophe – als die einzigen Überlebenden eines erstürmten Ilion, das es dort oben, wo die Tannen am dichtesten stehen, gegeben haben mag. Seit es ihnen gelungen ist, sich am Rande eines kargen und steinigen Latium anzuklammern, sind sie, allen widrigen Schicksalen zum Trotz, nun wieder dabei, zu neuer Stärke anzuwachsen. In dieser Auffassung bestärkt mich, daß ihr Bau, wenn nicht sieben, so doch drei deutliche Hügel aufzuweisen hat (was auf die unebene Unterlage von Rundsteinen zurückzuführen ist). Gewiß sind diese Landesflüchtigen zahlreich, sie sind gut diszipliniert, halten Zucht und machen keineswegs einen heruntergekommenen Eindruck; aber wer weiß, ob nicht noch viel größere Staaten, noch viel mehr furchterregende Heere dort oben, im Dunkel, ihr Dasein haben?

Unter dieser Voraussetzung nehme ich wirklichen Anteil an ihren Schicksalen und wünsche ihrem Tun und Treiben gutes Gelingen und dauernde Zuflucht vor Stürmen und Flut; auf daß für sie doch einmal der Tag erscheine, da sie mit dem Leben im Exil Schluß machen, dem See den Rücken wenden und den Abhang hinanstürmen, um ihr Stammland wieder in Besitz zu nehmen, ja, um vielleicht noch andere Reiche zu erobern; worauf sie – Angst und Schrecken um sich verbreitend und im Besitz von Reichtümern und Sklaven – ein vornehmeres Dasein beginnen mögen: vielleicht als Herrscher über einen Bau von noch nie dagewesenen Ausmaßen, als düstere Rechtswalter des jus gladii in einem Bereich, der möglicherweise die Ausdehnung eines ganzen Morgens hat –, um dann schließlich, des Kämpfens und Umherziehens satt, in kaiserlicher Dekadenz die Sonne über sich niedergehen zu lassen und für die gerüchthaften Erinnerungen an ihre eigene heroische Herrschaft am Seeufer nur ein gleichgültiges Ohr zu haben.

Als Knabe bin ich einmal Zeuge eines großen und verwickelten Ameisenkrieges gewesen, der an einem sonnigen Augustnachmittag auf einer mit wildem Wein bewachsenen alten Hausmauer rings um einen Fensterpfosten ausgekämpft wurde. Dieser Fensterpfosten war das Thermopylae dieses Krieges. Die letzten Kämpfe fanden auf dem Fußboden des kleinen, hinter dem Fenster gelegenen Zimmers statt.

Rote, große Ameisen, die unter der Grundmauer an der Rückseite des Pferdestalles ansässig waren, griffen schwarze, ebenfalls recht große Ameisen der Sorte, die fusca nigra heißt, an. Diese hatten ihren Wohnsitz in der Hausmauer unter dem wilden Wein. Die Roten kamen einen Gartenweg entlang marschiert, zogen unter einer Traueresche hin, passierten eine Gruppe von Astern und einige Stauden von Tränenden Herzen, machten einen Bogen um die Verandatreppe, schwenkten darauf in ein Rosenbeet ab und rückten gegen die Mauer vor, worauf sie in einem Dschungel von Ranken und verflochtenem Geäst verschwanden.

Die Erstürmung der Festung, die die Schwarzen innehatten, vollzog sich im verborgenen, aber nach einer Weile wurden etwas höher an der Mauer, wo der Wein weniger dicht war, Scharen von Ameisen sichtbar, die auf dem Rückzug begriffen waren und an beweglichem Gut mitschleppten, was sie zu retten vermocht hatten. Die Angreifer, nicht zufrieden mit dem beim ersten Ansturm Erreichten, drängten durch das schwierige Urwaldgelände nach. In Brusthöhe vom Erdboden entwickelten sie ihre roten Kolonnen und gingen auf einem Stück freiliegender Mauerfläche in Richtung auf den Fensterpfosten zum Angriff vor. Dort hatten die Schwarzen sich zu letztem Widerstand gesammelt, und ein mörderischer Kampf fand statt.

Es war seltsam, diesem Schauspiel von epischer Raserei und Gewaltsamkeit beizuwohnen; es vollzog sich völlig lautlos, in klarer Nachmittagsstille, im Duft warmer Blätter und Rosen. Der Sonnenschein lag idyllisch in Splittern und Schollen zwischen den Schatten überhängender Ranken wilden Weines hingestreut. Nichts war hörbar als ein leiser Anschlag an die Blätter, wenn getötete Krieger hinabstürzten.

Der Zufluchtsort der Schwarzen, der aus einer Reihe von Ziegelsteinen bestand, die schräg aus der Mauer vorragten, konnte nur an seinen Endpunkten erklettert werden; dort standen die Schwarzen kampfeslustig und bereit, sich kopfüber auf jeden emporkletternden Feind zu stürzen. Gleichgültig gegen Verluste rückten die Roten unbeirrt vor. Keine der berühmten, irrsinnigen Tollkühnheiten in den Kriegen des Altertums, von denen ich später gelesen habe, hat stärkeren Eindruck auf mich gemacht als der Kampf um diesen Fensterpfosten; mit so erbitterter Entschlossenheit auf beiden Seiten wurde er geführt.

Den Roten gelang schließlich doch die Erstürmung; und da das Fenster wegen des verwachsenen wilden Weines sich nicht richtig schließen ließ, wälzten sich nun beide Heere miteinander in das Zimmer hinab, das bald voll Kämpfender war. Die Schwarzen taten ihr Äußerstes bis zuletzt; auf dem Fußboden, auf Sofakissen und Tischen fanden Zweikämpfe statt; man manövrierte in rasenden Klumpen längs Tischbeinen und zwischen Büchern und Alben, jagte sich auf homerische Weise um Blumenvasen und Photographierahmen oder wackelte in erbitterter Umarmung am Rande des Abgrundes hoch zwischen den gestickten Schutzdeckchen gepolsterter Armstühle.

Nach ungefähr einer Stunde war die Tragödie zu Ende. Die Schwarzen sahen ihr Karthago so vollständig verwüstet, daß selbst ein roter Cato Major sich für befriedigt erklärt hätte.

Auf dem Weg, den sie gekommen waren, zogen die Roten ab; sie ließen eine bedeutende Anzahl der Ihren auf der Wahlstatt zurück. Nach einer Weile konnte man sie, Verwundete und Beute mit sich führend, auf dem Gartenweg beobachten. In ihren Reihen herrschte ohne Zweifel eine gehobene Stimmung, doch es erwartete sie – als ein kleiner Ansatz zu poetischer Gerechtigkeit – ein bitteres Nachspiel unter der Traueresche.

Am Grasrand des Gartenweges befand sich nämlich eine kleine Niederlassung hellroter Ameisen; und plötzlich – vielleicht vom Anblick der mitgeschleppten Beute entfacht oder aufgestachelt von Gestampf und Siegesliedern – schossen sie wie Blitze aus ihren Höhlen hervor und fielen den Siegern in die Flanke. Ihre Anzahl war nicht groß; trotzdem bewirkten sie ein furchtbares Durcheinander. Panik brach unmittelbar aus; das Gepäck wurde im Stich gelassen, die Invaliden verfielen ihrem Schicksal, und dieselben Kompanien, die soeben noch mit Todesverachtung an der großen Erstürmung beteiligt gewesen waren, wandten vor diesen hervorschießenden Pygmäen unverzüglich den Rücken und flohen schreckgeschlagen, ventre-à-terre.

Den kleinen, hellroten Furien war es nicht darum zu tun, sich in weitläufige Abenteuer einzulassen; Eroberersinn schienen sie nicht zu besitzen. Nachdem sie das Glacis vor ihren Nestern gesäubert und die große Armee gezwungen hatten, einen weiten Bogen zu schlagen, kehrten sie zufrieden zu ihren häuslichen Beschäftigungen zurück, worauf die noch vor kurzem so respekteinflößenden Legionen mit beträchtlich gekappter Siegerehre still und bescheiden den Heimweg antraten.

Das war wirklich ein großer und erschütternder Krieg, ein Schauspiel, wie ich es nie wieder gesehen habe. Fast drei Stunden lang war ich als allein anwesender Kriegsberichterstatter Augenzeuge dieses Kampfes und habe nun – vom Reporterstandpunkt allerdings etwas spät – seine Hauptzüge der Nachwelt so genau und wahrheitsgetreu wie irgend möglich überliefern wollen.

Kriegerische Unternehmungen ähnlicher Art habe ich bei den Landesflüchtigen am Seeufer noch nicht beobachten können. Vorläufig begnügen sie sich damit, ihr Leben in friedlicheren Formen verrinnen zu lassen, und sie tun das mit so viel Verschwendung, als käme es ihnen gar nicht darauf an, ob Krieg oder Frieden herrscht. Sie werden auf dem Waldpfad vom Fußgänger zertreten; der geringste Wellenschlag spült sie von ihrem Bau in die Tiefe, und ist alles ruhig, so klettern sie an einer kleinen Eiche hinauf, die über den See hinragt, und fallen von deren Ästen ins Wasser hinab. Diese Art, von einem Baume herunterzusteigen, war vielleicht zweckmäßig, als sie noch im Walde wohnten, wo es weiches Moos gab, auf das sie sich hinabfallen lassen konnten; und diese Methode wird wahrscheinlich nur deshalb hier beibehalten, weil keiner von den ins Wasser Geratenen je wieder zum Bau zurückkehrt, um auf die Nachteile dieses Systems hinzuweisen, die bestehen, wenn die Unterlage ein verräterischer, grünschimmernder Wasserspiegel ist. Manche retten sich auf Steinblöcke, die mitten im Wasser liegen, und kommen dort um. Die meisten treiben langsam in den See hinaus. Vielleicht entsteht allmählich in diesem See ein ameisenfressender Stamm von Rotaugen und Stinten – geriebene Epikureer, denen das Mittagessen keine Sorgen macht und die sich beständig, in der Haltung gemütlicher Tagediebe, mit gekreuzten Flossen im seichten Wasser wiegen. Sie vertrauen ruhig den Gaben, die eine unbekannte Überwasservorsehung ihnen ins Maul regnen läßt.

Aber die Bewohner des Ameisenbaus haben anderes als solche Kleinigkeiten im Sinn. Die Majestät ihrer Stärke erlaubt ihnen, sich königlich zu verschwenden, und wo keine Furcht ist, gibt es auch kein Unglück. Gefaßt und gleichsam triumphierend haben sie die Möglichkeit, sich aus ihrem unerschöpflichen Lebensreservoir nach beiden Seiten hin zu ergießen, also einerseits von irgendeinem vorbeikommenden Dschingis Khan zerquetscht, andererseits von einem hungrigen See verschluckt zu werden, und es ist, wie wenn ein unveräußerlicher Gleichmut auch jenen Stammesgliedern innewohnte, die sich in der Ruhe des Nachmittags über die Wasser des Vergessens hin langsam dem Nichts entgegentreiben lassen – gleichmütig wie Seelen, die gehorsam im Kielwasser ihrer Planeten ziehen.

Europa
im
Mittelalter

R. Allen Brown:
Die Normannen
dtv 11390

Ferdinand Gregorovius:
Geschichte der Stadt
Rom im Mittelalter
Vom V. bis XVI.
Jahrhundert
Vollständige Ausgabe
in 7 Bänden
Herausgegeben von
Waldemar Kampf
Mit 234 Abbildungen
dtv 5960

Franz Irsigler,
Arnold Lassotta:
Bettler und Gaukler,
Dirnen und Henker
Außenseiter in einer
mittelalterlichen Stadt
Köln 1300 – 1600
dtv 11061

Norbert Ohler:
Reisen im Mittelalter
dtv 30057

Régine Pernoud:
Christine de Pizan
Das Leben einer
außergewöhnlichen
Frau und Schriftstelle-
rin im Mittelalter
dtv 11192

Königin der
Troubadoure
Eleonore von
Aquitanien
dtv 30042

Herrscherin in
bewegter Zeit
Blanca von Kastilien,
Königin
von Frankreich
dtv 30359

Barbara Tuchmann:
Der ferne Spiegel
Das dramatische
14. Jahrhundert
dtv 10060

Umberto Eco im dtv

**Umberto Eco:
Der Name der Rose
Roman**

dtv

Daß er in den Mauern der prächtigen Benediktinerabtei das Echo eines verschollenen Lachens hören würde, das hell und klassisch herüberklingt aus der Antike, damit hat der Franziskanermönch William von Baskerville nicht gerechnet. Zusammen mit Adson von Melk, seinem jugendlichen Adlatus, ist er in einer höchst delikaten politischen Mission unterwegs. Doch in den sieben Tagen ihres Aufenthalts werden die beiden mit kriminellen Ereignissen und drastischen Versuchungen konfrontiert... Diese furiose Kriminalgeschichte, in der die Ästhetik des Mittelalters mit der Philosophie der Antike und dem Realismus der Neuzeit eine geniale Verbindung eingeht, ist zum Welt-Bestseller geworden.

dtv 10551

Nachschrift zum ›Namen der Rose‹

»Ich habe einen Roman geschrieben, weil ich Lust dazu hatte«, behauptet Umberto Eco. Aber als Kenner des Mittelalters wie der modernen Erzähltheorie, der Massenmedien wie der Eliten wollte Eco nicht bloß »einen« Roman schlechthin schreiben, der bei den Kritikerkollegen wie auch beim Publikum gleichermaßen »ankam«. Der Erfolg, aber nicht nur der, gab ihm recht. Seine »Nachschrift zum Namen der Rose« beweist darüber hinaus, daß die Entstehungsgeschichte und die Prämissen eines großen Romans mindestens genauso amüsant sein können wie das Werk selbst.
dtv 10552

Über Gott und die Welt
Essays und Glossen

Eco, der Zeichenleser und Spurensucher, flaniert durch die Musentempel und Kultstätten der Massenkultur und nimmt in den Fußballstadien und Spielhallen, in TV-Studios und im Supermarkt, im Kino und auf der Straße Dinge wahr, die uns bisher meist entgangen sind. Der Detektiv Eco zerlegt komplexe Zusammenhänge mit verblüffender Leichtigkeit, und weil er spielerisch umgehen kann mit Indiz, Alibi und corpus delicti, folgt ihm der Leser mit dem Vergnügen desjenigen, der beim Zwiegespräch über Gott und die Welt zugleich aufs Angenehmste unterhalten wird.
dtv 10825

Egon Friedell: Kulturgeschichte

Ägypten und der Alte Orient – Griechenland – Neuzeit

Geschichte der deutschen Literatur im Mittelalter

**Dieter Kartschoke:
Geschichte
der deutschen
Literatur
im frühen Mittelalter**

dtv

**Joachim Bumke:
Geschichte
der deutschen
Literatur
im hohen Mittelalter**

dtv

**Thomas Cramer:
Geschichte
der deutschen
Literatur
im späten Mittelalter**

dtv

Dieter Kartschoke:
Geschichte der
deutschen Literatur
im frühen Mittelalter
Originalausgabe
dtv 4551

Joachim Bumke:
Geschichte der
deutschen Literatur
im hohen Mittelalter
Originalausgabe
dtv 4552

Thomas Cramer:
Geschichte der
deutschen Literatur
im späten Mittelalter
Originalausgabe
dtv 4553

Das reichhaltige moderne Studienwerk für alle,
die an der Literatur- und Kulturgeschichte des
deutschen Mittelalters interessiert sind. Vor dem
Hintergrund der politischen, sozialen und kulturellen Verhältnisse werden die literarischen
Strömungen, Formen und Gattungen sowie die
Dichter und Schriftsteller mit ihren Werken und
ihrem Publikum ausgiebig geschildert.

Der Begriff Literatur ist sehr weit gefaßt – er reicht
von Zaubersprüchen und einfachen Liedern über
die reiche Lyrik und die großen Epen, Bibelüber-
setzungen, Predigten und Mysterienspielen bis zu
Legenden und Viten und zu Städtechroniken,
Rechts- und Naturbüchern. Es ist die Literatur
aus acht Jahrhunderten, von den ersten, oft
fragmentarisch überlieferten althochdeutschen
Zeugnissen bis zu den Schriften der Humanisten
Erasmus und Melanchthon.